LEONIEK BONTJE & YVET NOORDERMEER

WILDPFLANZEN **ESSEN**

DAS HANDBUCH MIT MEHR
ALS 50 REZEPTEN

südwest

EINLEITUNG

Wussten Sie, dass es gesunde und leckere Lebensmittel ganz umsonst gibt? Und sogar in Ihrer Nähe - man muss sie nur zu finden wissen. Wildpflanzen mit essbaren Blättern, Früchten, Samen oder Nüssen wachsen auf Wiesen und an Feldrändern, aber auch in Stadtparks oder vielleicht im eigenen Garten. Warum sollen wir teure »Superfoods« kaufen, die vom anderen Ende der Welt per Flugzeug zu uns transportiert werden, wenn es Gleichwertiges kostenlos vor der Haustür gibt? Brennnessel, Löwenzahn und Gänseblümchen kennen Sie vielleicht als »Unkraut«, dabei schmecken sie gut und sind sehr gesund.

Unsere Firma »De Buitenkeuken« bietet Workshops an, in denen die Teilnehmer lernen, verbreitete Wildpflanzen zu erkennen, zu sammeln und zu verwenden. Unsere Vorfahren kannten diese Pflanzen, von denen viele nicht nur als Nahrung dienen können, sondern auch heilwirksam sind. Uns ist es ein Anliegen, dieses Wissen zu bewahren und weiterzugeben. Darum ist auch dieses Buch entstanden.

Auf den folgenden Seiten laden wir Sie ein, uns auf Streifzügen durch die Natur zu begleiten. Jede Jahreszeit hat etwas zu bieten, von zarten Blättchen im Frühling bis zu Beeren und Nüssen im Herbst. Wenn die Ernte im Winter spärlicher ausfällt, können Sie auf Ihre Vorräte aus den ertragreicheren Monaten zurückgreifen. Dennoch können erstaunlich viele Wildpflanzen das ganze Jahr über geerntet werden. Wir haben eine Auswahl verbreiteter heimischer Wildpflanzen zusammengestellt, die wir auf den folgenden Seiten mit Fotos, Informationen zum Sammeln und köstlichen Rezepten vorstellen. Gehen Sie auf Entdeckungsreise in der Natur, und probieren Sie, was Ihnen schmeckt. Dieses Buch hilft Ihnen dabei.

LEONIEKS VORWORT

Schon als kleines Mädchen habe ich im Garten gern Blätter und Blüten gepflückt und zu duftendem Brei zerkleinert. Minze, Majoran und andere Küchenkräuter habe ich zerstampft, mit Wasser und Zucker gemischt und getrunken. Meine Mutter und meine Tante kannten sich mit essbaren Kräutern gut aus und haben mir ihr Wissen weitergegeben. Während meiner Ausbildung habe ich außerdem von zwei anderen Kräuterexperten eine Menge gelernt. Inzwischen erkenne ich auf Spaziergängen durch die Natur ganz intuitiv, was da wächst. Ich weiß, wie die Pflanzen aussehen, riechen und schmecken. Verwendbare Wildpflanzen gibt es fast überall. In meinem Garten lasse ich etwas Wildwuchs zu. Da gibt es Brennnesseln, Löwenzahn, Schachtelhalm und andere Pflanzen, die ich ernte. Wenn mein Blutzuckerspiegel abfällt, kaue ich einfach ein Blatt vom Löwenzahn, Wegerich oder ein Gänseblümchen. Wenn ich müde bin, nehme ich Beifuß oder einige Brombeeren oder andere Beeren, und schon geht es mir besser. Was von vielen als lästiges Unkraut betrachtet wird, kann viel zu Gesundheit und Wohlbefinden beitragen. Weil ich meine Begeisterung für essbare Wildpflanzen gern teilen möchte, kam ich auf die Idee, dieses Buch zu schreiben. Zuerst wollte ich nur die zwanzig wichtigsten Arten beschreiben, aber bei der Arbeit kamen immer mehr Pflanzen, Blüten, Nüsse, Beeren und Samen hinzu. So ist auch das Manuskript mit der Zeit gewachsen und umfasst jetzt Informationen und Rezepte zu mehr als fünfzig Wildpflanzen.

Leoniek Bontje
Wildpflanzenexpertin und Gründerin von »De Buitenkeuken«

YVETS VORWORT

An einem sonnigen Tag im April machte ich mit Leoniek einen Spaziergang durch den Wald. Sie pflückte ein Stück wilden Bärlauch und gab es mir zum Probieren. Was für ein Geschmackserlebnis! Als Ernährungscoach beschäftige ich mich seit Jahren mit gesunder Ernährung, aber mit essbaren Wildpflanzen kannte ich mich nicht aus. Der Bärlauch schmeckte definitiv nach mehr! Bald kamen wir auf die Idee, gemeinsame Workshops zu veranstalten. Leoniek wollte ihr Wissen über Pflanzen, Beeren und Nüsse weitergeben, und ich sollte die Küche übernehmen, um mit den Teilnehmern köstliche, gesunde Gerichte aus den gesammelten Pflanzen zuzubereiten. Die Idee wurde zum Erfolgsrezept. Es macht uns viel Freude, durch die Natur zu streifen, Pflanzen zu sammeln und zu leckeren Gerichten zu verarbeiten. Ich sehe die Natur inzwischen mit ganz anderen Augen. Inzwischen kann ich schon eine ganze Menge Wildpflanzen sicher erkennen, aber ich lerne immer noch dazu – mit großer Begeisterung.

Essbare Wildpflanzen passen sehr gut zu meinem Konzept von gesunder Ernährung. Sie sind frisch, natürlich, werden nicht mit Pflanzenschutzmitteln gespritzt und sind ohne weite Transportwege fast überall verfügbar. Was ihren Nährstoffgehalt angeht, sind sie Obst und Gemüse aus dem Supermarkt oft überlegen. Dafür gibt es verschiedene Gründe. Wildpflanzen werden nicht kommerziell angebaut oder in irgendeiner Weise manipuliert, um den Ertrag zu fördern. Sie wachsen in ihrer natürlichen Vegetationszeit im Freiland in einem Boden, der nicht mit Dünger behandelt wird. Was wir in der Natur ernten, ist frisch, regional und saisonal. Wildpflanzen sind quasi die vergessenen Superfoods aus unserem eigenen Land! Es tut Ihrer Gesundheit gut, wenn Sie Ihre Ernährung mit dem ergänzen, was die Natur zu bieten hat, und Sie werden lernen, die Natur mit anderen Augen zu sehen.

Yvet Noordermeer
Ernährungscoach und Gründerin von »De Buitenkeuken«

INHALT

De Buiten Keuken

Das sollten Sie wissen

- Gehen Sie respektvoll mit der Natur um. Reißen Sie keine Pflanzen mit Wurzeln aus – es sei denn, Sie wollen die Wurzel verwenden.
- Versuchen Sie, keine Pflanzen zu zertreten.
- Ernten Sie nur so viel, wie Sie brauchen. Das Sammeln von einigen besonderen Wildpflanzen unterliegt Beschränkungen, aber kleine Mengen für den persönlichen Bedarf (ein Körbchen voll) wird normalerweise nicht geahndet.
- Ernten Sie nur, was Sie absolut zweifelsfrei identifizieren können.
- Pflücken Sie möglichst nicht aus der ersten Reihe und auch nicht unter Kniehöhe. Dort können Pflanzen oder Pflanzenteile durch Urin und/oder Kot von Hunden und Wildtieren verunreinigt sein.
- Wegen der Abgasbelastung sollten Sie nicht in der Nähe stark befahrener Straßen ernten.

Das brauchen Sie

Feste, geschlossene Schuhe, Handschuhe, Schere, Messer, Papiertüten, Korb/Tasche, Notizbuch und Pflanzenbestimmungsbuch.

Grundsätzliches zu diesem Buch

Sofern nicht anderes angegeben, sind die Rezepte für vier Personen berechnet. Die Backzeiten sind Richtwerte, da jeder Ofen anders heizt. Vor der Zubereitung werden die Pflanzen gewaschen – Blüten jedoch nicht, denn sonst würden Sie den Pollen wegspülen.

Ernten im März und April

Schon im zeitigen Frühjahr können die ersten Wildpflanzen geerntet werden. Brennnesseln und Löwenzahn treiben aus, Huflattich und Bärlauch zeigen die ersten Blätter, vielleicht finden Sie auch schon Knoblauchsrauke, Giersch, Gundermann, Taubnessel und Kletten-Labkraut. Die Magnolien stehen in voller Blüte. Die allerersten Blättchen im März sind noch sehr klein und darum schwierig zu erkennen, aber sie sind herrlich zart und schmecken einfach wunderbar.

Notizen

MAGNOLIE

(Magnoliaceae)

Magnolien blühen sehr früh, manchmal schon im Februar. Im Kontrast zum nackten Geäst sind die großen Blüten ein beeindruckender Anblick. Aus den essbaren Blütenblättern der Magnolien kann man einen köstlichen, milden Sirup zubereiten. Am besten pflückt man die Blätter kurz bevor sie abfallen. Die Blütenblätter eignen sich außerdem zur Zubereitung von Kräuteressig und für Tee gegen leichte Erkältungsbeschwerden. Ein Aufguss aus Magnolienrinde hilft bei Verstopfung. Ich plädiere aber dafür, die Baumrinde möglichst nicht zu beschädigen. Darum stelle ich hier das Rezept für Sirup aus den Blütenblättern vor.

Verwendete Teile: Blütenblätter.

Heilwirkung: Lindernd bei Erkältung.

Wachstums-/Blütezeit: März-April.

MAGNOLIENSIRUP

Dieser Sirup hat einen sehr milden Geschmack.

Zutaten:
ca. 20 Magnolien-Blütenblätter
1 Liter kochendes Wasser
300 g Zucker

Zubereitung:
Die Blüten mit dem kochenden Wasser übergießen und über Nacht stehen lassen. Am nächsten Morgen durch ein feines Sieb in einen Topf gießen. Den Zucker einrühren und alles zum Kochen bringen. 5 Minuten köcheln lassen, dann den Herd abschalten. Den Sirup in eine saubere Flasche gießen, ganz abkühlen lassen und an einem dunklen Platz aufbewahren. Ich verdünne den Sirup gern mit Mineralwasser.

MAGNOLIENESSIG

Essig aus Wildpflanzen ist eine köstliche Salatzutat. Außerdem ist er sehr gesund, weil der Essig viele Nährstoffe von Pflanzen oder Blüten aufnimmt.

Zutaten:
1 Handvoll Magnolien-Blütenblätter
Apfelessig

Zubereitung:
Die Blätter in ein großes Gefäß mit Deckel geben und mit dem Apfelessig übergießen. Das Gefäß verschließen und die Mischung einige Wochen durchziehen lassen. Sie können auch andere Blätter oder Blüten hinzufügen. Die Mischung muss anschließend nicht gefiltert werden, die Blätter und Blüten dürfen ruhig im Essig bleiben.

GROSSE UND KLEINE BRENNNESSEL

(Urtica dioica und Urtica urens)

Die Brennnessel ist zu Unrecht als Unkraut verrufen, denn sie ist sehr gesund. Die Blätter enthalten viele Mineralstoffe, darunter Eisen, Kieselsäure, Kalium, Calcium und Schwefel, sowie die Vitamine A und C. Traditionell ist sie als Heilpflanze gegen Gicht und Rheuma bekannt, außerdem wirkt sie blutbildend und fördert die Bildung von Muttermilch. Als Zusatz zum letzten Spülwasser bei der Haarwäsche gibt sie den Haaren einen schönen Glanz. Geerntet werden die Triebspitzen mit den oberen fünf oder sechs Blättern. Im Herbst kann man auch die Samen ernten und über einen Salat streuen. Auch sie enthalten viele wertvolle Nährstoffe. Die Blätter können für Suppen und Eintöpfe genutzt und frisch oder getrocknet für Kräutertee verwendet werden. Schauen Sie sich die Blattunterseiten genau an - manche Schmetterlinge legen dort bevorzugt ihre Eier ab.

Verwendete Teile: Triebspitzen (mit 5-6 Blättern), Samen.

Heilwirkung: Für kräftigende Frühjahrskuren. Fördert die Bildung von Muttermilch, reguliert den Blutzuckerspiegel, wirkt blutreinigend und blutbildend. Gut geeignet für Haarspülungen und Sitzbäder bei Hämorrhoiden (einige Blätter mit kochendem Wasser übergießen, etwas abkühlen lassen, dann durch ein Sieb gießen).

Blütezeit: Ganzjährig, aber nur die jungen Blätter pflücken.

BRENNNESSELSUPPE

Unsere Brennnesselsuppe konnte sogar Kinder überzeugen. Unbedingt probieren!

Zutaten für 4 Personen:
400 g junge Brennnesselblätter
1 Stück Butter
1 Zwiebel, abgezogen und fein gehackt
1 Knoblauchzehe, abgezogen und gepresst
2 Kartoffeln, geschält und gewürfelt
1 Liter Gemüsebrühe
Salz und Pfeffer
100 g Sahne

Zubereitung:
Die Brennnesselblätter in einem Sieb unter fließend kaltem Wasser waschen. Dabei bei Bedarf Haushaltshandschuhe anziehen oder Gefrierbeutel über die Hände ziehen. Die Blätter gut abtropfen lassen, dann fein hacken. Die Butter in einem Topf zerlassen. Die Zwiebel darin 2 Minuten dünsten, dann den Knoblauch zugeben. Kartoffeln, Brühe und Brennnesseln zufügen und alles zum Kochen bringen. Die Suppe 15 Minuten köcheln lassen, bis die Kartoffeln gar sind. Mit einem Stabmixer glatt pürieren.
Die Sahne unterrühren und mit Salz und Pfeffer abschmecken.

GEGRILLTE BRENNNESSELN

Knusprig wie Chips, aber viel gesünder!

Zutaten:
10 Brennnessel-Triebspitzen
Olivenöl
grobes Meersalz

Zubereitung:
Den Backofengrill vorheizen. Die Brennnesseln auf Backpapier verteilen, mit Olivenöl beträufeln, mit Salz bestreuen und unter den heißen Grill schieben, bis sie trocken und knusprig sind.

LÖWENZAHN
(Taraxacum officinale)

Löwenzahn kennt wohl jeder. Weniger bekannt ist aber, dass alle seine Teile essbar sind: Blätter, Stiele, Blüten und Wurzeln. Der bittere Geschmack wird schwächer, wenn man die Pflanzenteile eine Stunde in Wasser legt. Einige der alten volkstümlichen Namen (z.B. Pissnelke) verweisen auf die harntreibende Wirkung des Löwenzahns. Seine Blätter wirken lindernd bei Blasenentzündung. Die Wurzeln fördern die Verdauung und regen Leber und Galle an. Blätter und Blüten können an Salate gegeben werden, die Blätter eignen sich frisch und getrocknet für Aufgüsse. Die Wurzeln können getrocknet oder zur Zubereitung von Tinkturen verwendet werden.

Verwendete Teile: Blüten, Stiele, Blätter, Wurzeln.

Heilwirkung: Verdauungsfördernd. Bei Verstopfung, Blasen- und Harnwegsinfektionen. Blutreinigend und gut für die Haut. Vertreibt Frühjahrsmüdigkeit. Enthält Kalium, Eisen und den Bitterstoff Taraxin, die Vitamine A, B, C und D sowie verschiedene Mineralien.

Blütezeit: März-September - Blätter im Frühling ernten, die Wurzeln später im Jahr.

TOMATENSALAT MIT FETA UND LÖWENZAHN

Zutaten für 2 Personen:
10 Löwenzahnblätter
750 g reife Tomaten
150 g Feta
1 guter Schuss Olivenöl
2 EL Zitronensaft
Salz und Pfeffer

Zubereitung:
Die Tomaten in Scheiben schneiden und auf einer großen Platte verteilen. Die Löwenzahnblätter fein hacken und über die Tomaten streuen. Den Feta zerbröseln, auf dem Salat verteilen und mit Öl und Zitronensaft beträufeln. Nach Geschmack mit Salz und frisch gemahlenem Pfeffer würzen.

BÄRLAUCH

(Allium ursinum)

Bärlauch ist einer unserer Favoriten. Es ist schade, dass diese leckere, gesunde Pflanze nicht ganzjährig wächst. Im Frühjahr ernten wir sie oft - aber nicht zu viel, damit die Bestände erhalten bleiben. Bärlauch gehört zur großen Familie der Zwiebelgewächse und kann vielseitig verwendet werden. Sein knoblauchähnlicher Geschmack passt zu Suppen, Salaten, Eintöpfen, Pestos und Kräuterbutter. Bärlauch stärkt die Abwehrkräfte, hält die Darmflora gesund und hilft, Frühjahrsmüdigkeit zu bekämpfen.

Verwendete Teile: Blätter.

Heilwirkung: Bärlauch fördert die Verdauung. Er wirkt antiseptisch und entzündungshemmend auf den Darm und stärkt die gesunde Darmflora. Hilfreich bei Herz-Kreislauf-Erkrankungen und Müdigkeit. Reich an Mineralien wie Schwefel, Eisen, Mangan, Magnesium und Jod.

Blütezeit: April-Mai.

Achtung: Bärlauch kann leicht mit Maiglöckchenblättern verwechselt werden, die aber giftig sind. Zerreiben Sie im Zweifelsfall ein Blatt zwischen den Fingern. Nur wenn es nach Knoblauch riecht, ist es Bärlauch.

OMELETT MIT BÄRLAUCH

Zutaten:
pro Person 1 Ei plus
1 Ei für die Pfanne
1 Handvoll Bärlauch (oder mehr)
Salz und Pfeffer
1 Stück Butter

Zubereitung:
Die Eier verquirlen. Den Bärlauch fein hacken und unterrühren, dann etwas Salz und Pfeffer zugeben. Die Butter in der Pfanne zerlassen, die Eiermischung hineingießen und einige Minuten stocken lassen.

--

KRÄUTERBUTTER MIT BÄRLAUCH

Zutaten:
100 g weiche Butter
5 EL sehr fein gehackter Bärlauch
1 Knoblauchzehe, gepresst
Salz und Pfeffer
1 TL Zitronensaft

Zubereitung:
Die Butter mit Bärlauch und Knoblauch vermengen, dann mit Salz, Pfeffer und Zitronensaft abschmecken. Einige Stunden oder über Nacht ruhen lassen, damit sich die Aromen entfalten können.

KNOBLAUCHSRAUKE

(Alliaria petiolata)

Knoblauchsrauke schmeckt mild knoblauchartig, ist aber nicht mit den Zwiebelgewächsen verwandt. Sie gehört zur Familie der Kreuzblütler, wie auch Senf, Raps, Rucola und alle Kohlarten. Alle Teile der Knoblauchsrauke sind essbar: Blätter, Blüten und Wurzeln. Der pikante Geschmack mit Anklängen von Lauch und Pfeffer passt hervorragend zu Kräuterquark und Joghurtdips, aber auch zu einem einfachen Käsebrot. Im Mittelalter stand die Knoblauchsrauke in jedem Küchengarten, heute findet man das fast vergessene Gewächs nur noch in der Natur. Probieren Sie die Blätter einmal in Kräuterbutter, Smoothies und Pesto.

Verwendete Teile: Blätter und Blüten.

Heilwirkung: Stärkt Abwehrkräfte und Luftwege (Asthma und Bronchitis). Fördert die Verdauung, wirkt harntreibend, blutreinigend und antibakteriell. Gut gegen Grippe und Entzündungen. Enthält die Vitamine A und C.

Blütezeit: April-September.

JOGHURTDIP MIT KNOBLAUCHSRAUKE

Zutaten:

300 g stichfester Joghurt
abgeriebene Schale und Saft von ½ Bio-Zitrone
2 Knoblauchzehen, abgezogen und gepresst
3 EL sehr fein gehackte Knoblauchsrauke (einige Blättchen zum Garnieren zur Seite legen)
Salz und frisch gemahlener Pfeffer

Zubereitung:

Den Joghurt in einer Schüssel mit Zitronensaft und -schale, Knoblauch und Knoblauchsrauke verrühren. Mit Salz und Pfeffer abschmecken. Abgedeckt für mindestens 1 Stunde in den Kühlschrank stellen, damit sich die Aromen entfalten können. Mit den Knoblauchsraukeblättern garnieren und servieren.

ROSE

(Rosa)

Rosen kennt jeder, und es ist allgemein bekannt, dass ihre Früchte, die Hagebutten, essbar sind. Nicht jeder weiß aber, dass dasselbe für die Blütenblätter gilt. Besonders die Blütenblätter von Wildrosen, Hunds- und Apothekerrosen eignen sich gut als Garnierung für Salate und Torten. Sie können auch frisch oder getrocknet für Aufgüsse oder Teemischungen verwendet werden. Näheres zu Hagebutten finden Sie auf Seite 195.

Verwendete Teile: Hagebutten, Blüten und Blätter.

Heilwirkung: Die Blütenblätter wirken mild abführend und adstringierend (fördern die Wundheilung). Hagebutten enthalten viel Vitamin C.

Blütezeit: Blütenblätter im Frühjahr, Hagebutten im Herbst.

ROSENESSIG

Zutaten:

20–30 Rosenblütenblätter
Weißwein- oder Apfelessig

Zubereitung:

Die Blütenblätter in eine Flasche geben und mit dem Essig übergießen. Einige Wochen durchziehen lassen. Danach kann der gesunde, köstliche Essig für Salate verwendet werden.

GUNDERMANN

(Glechoma hederacea)

Gundermann schmeckt gut in Suppen, Pesto, Salaten, Omelett und anderen herzhaften Gerichten. Man erkennt die kriechende Pflanze an den rundlichen, gezahnten Blättern mit leicht metallischem Glanz und den kleinen violetten Blüten. Der Geschmack ist würzig-pikant. Früher wurde aus Gundermann ein schweißtreibender Trank zubereitet. Die zerkleinerten Blätter wurden auf Wunden gegeben, um die Heilung zu fördern. Hautreizungen durch Brennnesseln oder Insektenstiche klingen ab, wenn man sie mit gekauten Gundermannblättern abreibt.

Verwendete Teile: Blätter und Blüten.

Heilwirkung: Zum Einreiben bei Geschwüren, entzündeten Wunden, Mückenstichen und Reizungen durch Brennnesseln. Bei Zahnfleischbeschwerden die Blätter kauen. Enthält Kalium, Calcium und Silicium sowie die Vitamine B und C.

Blütezeit: März-Oktober.

PESTO MIT GUNDERMANN

Pesto mit Basilikum, Olivenöl, Pinienkernen, Knoblauch und Parmesan ist ein Klassiker. Das Rezept lässt sich aber sehr gut variieren, indem man Kräuter verwendet, die gerade Saison haben, zum Beispiel Brennnesseln, Giersch, Knoblauchsrauke, Gundermann, Schafgarbe, Minze, Löwenzahn, Gänseblümchen, Bärlauch oder Rucola.

Zutaten:
25 g Nüsse und/oder Samen (z.B. Pinien-, Cashew-, Kürbis-, Sonnenblumenkerne)
25 g Parmesan oder Pecorino
100 g Gundermannblätter (oder andere Kräuter)
1 Knoblauchzehe, fein gehackt
10 EL natives Olivenöl extra
1 EL Zitronensaft
Salz und Pfeffer

Zubereitung:
Samen und/oder Nüsse in einer Pfanne ohne Fett kurz rösten, herausnehmen und zur Seite stellen. Den Käse reiben, die Blätter von den Stängeln zupfen, den Knoblauch abziehen. Alle Zutaten mit einem Mixer pürieren - aber nicht zu fein, das Pesto darf noch etwas Biss haben. Bei Bedarf noch etwas mehr Olivenöl unterrühren. Das Pesto mit Salz und Pfeffer abschmecken. Sie können das Pesto auch ganz traditionell mit einem Mörser zubereiten.

GOLDNESSEL

(Lamium galeobdolon)

Von den zahlreichen Nesseln sind vor allem die Arten mit weißen, violetten und gelben Blüten verbreitet. Sie wachsen oft in der Nähe von Brennnesseln. Zupft man die Blüten ab, kann man den süßlichen Nektar heraussaugen. Die Goldnessel heißt in England auch Gelber Erzengel. Sie hat hellgelbe Blüten und hübsche weißlich gefleckte Blätter mit einem köstlich-würzigen Geschmack. Wenn die Pflanzen blühen, pflücken wir die Blätter nur sehr zurückhaltend, denn Goldnesseln sind hervorragende Weidepflanzen für Bienen und Hummeln. Die Blätter lindern leichten Durchfall, sind gut für die Atemwege und können zum Einreiben von Hautreizungen durch Brennnesseln verwendet werden.

Verwendete Teile: Blüten, Stiele und Blätter, z.B. für Salate und Smoothies.

Heilwirkung: Gegen Menstruationsbeschwerden und Ausfluss, außerdem bei Darmkrämpfen und Atemwegsbeschwerden. Die Pflanze enthält Vitamin B und viel Vitamin C.

Blütezeit: April-Oktober.

KRÄUTERBROT MIT GOLDNESSEL

Zutaten:

100 g junge Goldnesselblätter (alternativ junge Blätter von Brennnessel oder Schafgarbe)
175 g Mehl Type 550
2 TL Backpulver
3 Eier
2 EL saure Sahne
4 EL Olivenöl
Salz und frisch gemahlener Pfeffer
50 g Pinienkerne
100 g Parmesan, grob geraspelt

Zubereitung:

Den Backofen auf 160 °C vorheizen. Die Goldnesselblätter waschen, trocknen und fein hacken. Mehl und Backpulver in einer Schüssel mit Eiern, saurer Sahne, Öl, Salz und Pfeffer vermengen. Goldnessel, Pinienkerne und Parmesan unterheben. Den Teig in eine gefettete Kastenform füllen und 40 Minuten backen, bis die Oberfläche goldbraun ist. In der Form leicht abkühlen lassen, dann stürzen. Das Brot schmeckt gut zu Suppen und Salaten oder einfach zwischendurch.

BROMBEERBLÄTTER

(Rubus fructicosus)

UND HIMBEERBLÄTTER

(Rubus idaeus)

Saftige Himbeeren und Brombeeren sind als vitamin- und mineralstoffreiche Leckerei bestens bekannt. Aber kaum jemand weiß, wie wertvoll die Blätter sind. Himbeerblätter wurden früher zur Anregung der Geburtswehen und zur Förderung der Muttermilchbildung eingesetzt, Brombeerblätter gegen Wunden im Mund und Rachenraum. Die jungen Blätter beider Arten können für Aufgüsse, Kräuterteemischungen oder Smoothies verwendet werden. Näheres zu den Früchten finden Sie auf Seite 152.

Verwendete Teile: Blätter, im Sommer die vitaminreichen Früchte.

Heilwirkung: Lindernd bei leichtem Durchfall, Ausfluss, Blasenentzündung und Halsschmerzen, regulierend bei starker Menstruation. Bei Wunden im Mund einfach ein Blatt kauen. Himbeerblätter fördern Wehentätigkeit und Muttermilchproduktion und stärken das Immunsystem.

Blütezeit: Mai–August.

MINZE

(Mentha)

Es gibt sehr viele verschiedene Minzearten, zum Beispiel Wasserminze, Krauseminze, wollige Minze, Pfefferminze und andere. Manche eignen sich besser für Aufgüsse, andere schmecken gut in Salaten oder Smoothies, aber alle wirken verdauungsfördernd, beruhigen den Darm und sind gut für die Atemwege. Ich bereite gern einen Aufguss aus frischen Minzeblättern, einigen Scheiben Ingwer und ein paar frischen Tannenspitzen zu: herrlich erfrischend und lindernd bei Halsschmerzen.

Verwendete Teile: Blätter und Blüten.

Heilwirkung: Verdauungsfördernd, lindernd bei Bauchschmerzen, Magenkrämpfen und Erkältung.

Blütezeit: April–August.

Achtung: Minze sollte grundsätzlich nicht für Säuglinge und kleine Kinder verwendet werden, weil die meisten Arten starke ätherische Öle enthalten.

GELBER SMOOTHIE MIT ACKER-MINZE

Smoothies machen es Ihnen leicht, gesunde Nährstoffe wie Vitamine, Mineralien und pflanzliches Eiweiß zu sich zu nehmen. Ein Mix aus Wildpflanzen und Obst schmeckt schön fruchtig, hat aber eine interessante, pikante Note. Das Chlorophyll aus den Blättern fördert die Entgiftung. Sie können Früchte und Wildpflanzen gern nach eigenem Geschmack kombinieren.

Zutaten pro Portion: ½ Mango, ½ Banane, 4 Blätter Minze*, ½ EL geraspelter Ingwer, 1 Glas Wasser

Zubereitung: Die Früchte in grobe Stücke schneiden und zusammen mit Minze, Ingwer und Wasser in einem Mixer auf hoher Stufe cremig pürieren. Wer den Smoothie flüssiger mag, kann etwas mehr Wasser zugeben. Sofort nach der Zubereitung genießen.

ROTER SMOOTHIE MIT ACKER-MINZE

Zutaten pro Portion: 1 Handvoll Minze*, ½ Rote Bete (am besten roh), 1 Handvoll Himbeeren, 1 kleine Banane, 1 Glas Wasser

Zubereitung: Alle Zutaten im Mixer auf hoher Stufe cremig pürieren. Sofort genießen.

* Statt Minze können Sie auch 1 Handvoll Brennnesselblätter, Giersch, Schafgarbe, Wegerich, Goldnessel oder Vogelmiere verwenden.

Ernten im Mai und Juni

Allmählich wird die Natur grüner, und es gibt mehr zu ernten. In den Städten duftet es nach Lindenblüten. Der Holunder blüht – perfekt für einen köstlichen Sirup. Gesunde Kräuter wie Schafgarbe, Giersch, Wegerich, Kletten-Labkraut und Rotklee wachsen kräftig und wollen gegessen werden. Und vergessen Sie nicht, Waldmeister für eine erfrischende Bowle zu pflücken.

Notizen

WALDMEISTER

(Galium odoratum)

Früher streute man Waldmeister auf den Fußboden, damit sich beim Darübergehen sein fruchtig-süßer Duft im Zimmer verbreitete. Er riecht wirklich wunderbar! Traditionell verwendet man ihn zur Zubereitung von Maiwein, der am 1. Mai serviert wird. Er besteht aus Weißwein, der mit Waldmeister aromatisiert wird. Ein oder zwei Gläschen fördern den Schlaf. Große Mengen sollten sie nicht trinken, sonst können die Inhaltsstoffe des Waldmeisters Schwindel und Übelkeit verursachen.

Verwendete Teile: Blätter, für Maiwein vor der Blüte ernten.

Heilwirkung: Fördert den Schlaf und die Durchblutung, lindert Krämpfe und Koliken.

Wachstums-/Blütezeit: April–Mai.

MAIWEIN

Zutaten:

5 Stängel Waldmeister
1 EL Zucker
1 Flasche Weißwein

Zubereitung:

Waldmeister und Zucker mit dem Weißwein übergießen und etwa 1 Stunde ziehen lassen. Durch ein feines Sieb gießen und gekühlt servieren.

HOLUNDERBLÜTEN

(Sambucus nigra)

Jedes Jahr im Frühsommer ernte ich Holunderblüten, um daraus Sirup und Tee zuzubereiten. Der Sirup schmeckt hervorragend und ist sehr erfrischend. Der Tee hat sich bei Erkältung und Fieber, Husten und Schnupfen (auch Heuschnupfen) bewährt und eignet sich besonders gut für Kinder, weil er einen milden, blumigen Geschmack hat. Mild, aber wirksam gegen Erkältung und Fieber. Wer mag, gibt noch einen Löffel Honig dazu. Früher galt ein Holunderstrauch auf dem Grundstück als Glücksbringer, weil er Nahrung und Medizin lieferte. Essbar sind aber nur die Blüten und die Beeren. Rinde und Blätter sind unbekömmlich. Näheres zu den Beeren finden Sie auf Seite 203.

Verwendete Teile: Blüten und Beeren (siehe September, Seite 207).

Heilwirkung: Erkältung, Grippe. Wirkt schleimlösend und schweißtreibend.

Blütezeit: Blüten im Mai, Beeren im August-September.

HOLUNDERBLÜTENSIRUP

Zutaten:

ca. 15 große Holunderblütendolden
1 Liter kochendes Wasser
½ Zitrone
Saft von ½ Zitrone
300 g Zucker
½ TL Zitronensäure (Pulver, aus der Apotheke oder aus dem Supermarkt, verlängert die Haltbarkeit)

Zubereitung:

Von den Holunderblütenständen die dickeren Stiele abschneiden. Die Blüten in einen großen Topf legen und mit dem kochenden Wasser übergießen. Die komplette halbe Zitrone und den Saft der anderen Zitronenhälfte zugeben. Abdecken und über Nacht stehen lassen. Am nächsten Tag durch ein Tuch gießen. Wieder in den Topf geben, erhitzen, Zucker und Zitronensäure zufügen und unter Rühren auflösen. Den heißen Sirup in sterilisierte Flaschen füllen und verschließen.

HOLUNDERBLÜTEN IM BACKTEIG

Zutaten:
1 Flasche Sonnenblumenöl
100 g feines Dinkelmehl
1 Ei
1 Schuss Mineralwasser oder Milch
10-15 Holunderblütendolden
Puderzucker zum Bestreuen

Zubereitung:
Reichlich Öl in einen Topf geben und erhitzen. Aus Mehl, Ei und Milch oder Mineralwasser einen relativ flüssigen Teig rühren. Die Blüten durch den Teig ziehen und im heißen Öl frittieren, bis sie knusprig und goldbraun sind. Mit etwas Puderzucker bestreuen und servieren.

SCHAFGARBE

(Achillea millefolium)

Die hübsche Pflanze trägt Blütenstände aus tausenden winziger Blüten in Weiß oder Hellrosa. Ihre würzigen, fein gefiederten Blätter schmecken gut in Salaten, Omeletts oder Lasagne. Die Blüten haben einen etwas intensiveren Geschmack. Sie können frisch als Einlegegewürz oder getrocknet für Kräutersalz-Mischungen verwendet werden. In der Volksheilkunde werden frische Blüten für einen schweißtreibenden, fiebersenkenden Aufguss empfohlen. Ich bereite daraus eine Tinktur zur Wundheilung und gegen unreine Haut zu. Der englische Name »nosebleed« (Nasenbluten) verrät etwas über die blutstillende Wirkung. Der griechische Held Achilles soll Schafgarbe verwendet haben, um die Wunden seiner Männer zu heilen – darum der botanische Name Achillea.

Verwendete Teile: Blätter und Blüten.

Heilwirkung: Fördert die Wundheilung. Lindernd bei Menstruationsbeschwerden, Magen- und Darmproblemen. Wirkt durchblutungsfördernd, fiebersenkend und schweißtreibend. Wegen der reinigenden Wirkung gut bei unreiner Haut.

Blütezeit: Mai–Oktober.

FLAMMKUCHEN MIT SCHAFGARBE

Für 4 Personen
Zutaten für den Boden:
350 g Dinkelmehl
6 g Trockenhefe
210 ml lauwarmes Wasser
4 g Salz
2½ EL Olivenöl

Zutaten für den Belag:
8 EL Crème fraîche
gemahlener Pfeffer
150 g Räucherspeck (am besten bio), in feine Streifen geschnitten
1 Zwiebel, in feine Ringe geschnitten
200 g Gruyère, frisch gerieben
1 Handvoll fein gehackte Schafgarbe

Utensilien:
Teigrolle, Backblech, Backpapier

Zubereitung:
Für den Teig Mehl, Hefe, Wasser, Salz und Öl verrühren, dann etwa 5 Minuten gut durchkneten. Den Teig zur Kugel formen und unter einem angefeuchteten Geschirrtuch ruhen lassen. Den Backofen auf 240 °C vorheizen. Den Teig auf dem Backpapier möglichst dünn ausrollen. Gleichmäßig mit der Crème fraîche bestreichen und mit etwas Pfeffer bestreuen. Mit Speck und Zwiebel belegen, dann mit dem Käse bestreuen. Den Flammkuchen etwa 10 Minuten backen. Unmittelbar vor dem Servieren mit der Schafgarbe bestreuen.

GIERSCH

(Aegopodium podagraria)

Giersch ist bei Hobbygärtnern als agressives Unkraut verschrien, hat aber einen würzigen Geschmack und ist sehr gesund. Wegen seines hohen Vitamin-C-Gehalts wurde er früher gegen Skorbut eingesetzt. An seiner typischen Blattform ist er gut zu erkennen. Im Frühsommer trägt er luftige, weiße Blütenstände. Er wächst überall und fast zu jeder Jahreszeit, am besten schmecken jedoch die ganz jungen Blätter. Auch die Blüten sind essbar. Weil Giersch so stark wuchert, bekämpfen manche Gartenbesitzer ihn mit chemischen Pflanzengiften – überlegen Sie darum genau, wo Sie ernten! Die Blätter schmecken gut in Salaten und Smoothies und können auch für eine sommerliche, kalte Suppe verwendet werden.

Verwendete Teile: Blätter.

Heilwirkung: Regt die Nieren an, wirkt harntreibend, krampflindernd, beruhigend und mild abführend. Enthält Kalium, Magnesium, Calcium, Mangan, Zink, Kupfer sowie die Vitamine A und C.

Blütezeit: Mai–September.

SOMMERLICHE GIERSCHSUPPE

Zutaten für 4 Personen:
1½ Salatgurken
4 EL natives Olivenöl extra
Salz und Pfeffer
1 weiche Avocado
5 Sardellenfilets
2 Schalotten, abgezogen und grob gewürfelt
1 Knoblauchzehe, abgezogen
1 großzügige Handvoll Giersch (ersatzweise Schafgarbe)
Saft von 1 Zitrone
250 g griechischer Joghurt (10 % Fett)

Zubereitung:
Die halbe Gurke schälen und in 5 Millimeter große Würfel schneiden. Mit der Hälfte des Öls und Salz und Pfeffer nach Geschmack mischen. Abgedeckt in den Kühlschrank stellen. Die ganze Gurke der Länge nach halbieren. Die Samen mit einem Teelöffel herausschaben - sie werden nicht verwendet. Das Fruchtfleisch grob würfeln. Die Avocado schälen und entkernen. Gurke und Avocado mit Sardellenfilets, Schalotten, Knoblauch und 200 Milliliter Wasser in einen Mixer geben und glatt pürieren. Das restliche Öl sowie Giersch, Zitronensaft und Joghurt zugeben und nochmals mixen. Mit Salz und Pfeffer abschmecken. Zwei Stunden abgedeckt in den Kühlschrank stellen, dann in Teller füllen. Mit den Gurkenwürfeln und eventuell kleinen Gierschblättern garnieren.

KLETTEN-LABKRAUT

(Galium aparine)

Vielleicht erinnern Sie sich an Ihre Kindheit, als Sie durch Wiesen streiften und immer lange, weiche Pflanzenstiele an der Hose hängen blieben. Kletten-Labkraut ist tatsächlich ausgesprochen anhänglich. Traditionell ist es als Heilkraut bekannt, das Ablagerungen in den Harnwegen beseitigt, das Lymphsystem reinigt und gegen Infektionen der Haut und der Harnwege eingesetzt werden kann. Ich bereite aus der Pflanze gern eine Tinktur zu, mit der ich Schwellungen, Blasenentzündung und Pickel behandle. Kletten-Labkraut ist eine gute Zutat für Smoothies und kann auch wie Spinat in ein Pfannengericht gegeben werden. Roh mag sie nicht jeder, weil die Blätter mit feinen Härchen besetzt sind. Der botanische Name verrät, dass das Kletten-Labkraut mit dem Waldmeister verwandt ist.

Verwendete Teile: Blätter und Blüten.

Heilwirkung: Löst Ablagerungen in den Harnwegen. Schweißtreibend und blutreinigend. Gut für das Lymphsystem und bei Hautbeschwerden, lindernd bei Harnwegsinfektionen.

Blütezeit: Juni-Oktober.

KARTOFFELSTAMPF MIT KLETTEN-LABKRAUT

Zutaten für 4 Personen:

1½ kg Kartoffeln
4 große Handvoll Kletten-Labkraut (nur die Blätter verwenden, dann bleibt nicht viel übrig; eventuell mit Giersch ergänzen)
100 g Frühstücksspeck (am besten bio)
1 Stück Butter
Salz und Pfeffer
1 Prise gemahlene Muskatnuss

Zubereitung:

Die Kartoffeln knapp gar kochen. Das Kletten-Labkraut und eventuell andere Kräuter zufügen und einige Minuten mitgaren. Inzwischen die Speckscheiben knusprig braten. Die Kartoffeln mit den Kräutern und etwas Kochflüssigkeit stampfen. Gebratenen Speck, ein großzügiges Stück Butter, Salz, Pfeffer und eine Prise geriebene Muskatnuss zugeben und alles gut verrühren.

ROTKLEE

(Trifolium pratense)

Blätter und Blüten aller Kleearten sind essbar. Die Bienen produzieren aus den Blüten einen köstlichen Honig. Frisch oder getrocknet ist Klee eine leckere und gesunde Zutat für Salate und Aufgüsse. Rotklee hat im Gegensatz zu anderen Arten eine positive Wirkung auf den Hormonhaushalt. Außerdem lindert er Atemwegsinfektionen und ist gut für die Haut. Ich verwende ihn für ein Hustenmittel mit Honig, das auch Kinder bereitwillig einnehmen.

Verwendete Teile: Blütenköpfe und Blätter.

Heilwirkung: Gegen Husten, Durchfall, chronische Hautkrankheiten (z.B. Ekzeme und Schuppenflechte) sowie Neurodermitis und Asthma bei Kindern. Enthält Phytoöstrogene, die hilfreich bei hormonellen Beschwerden sind und hormonell bedingten Tumoren vorbeugen sollen.

Blütezeit: Mai-Oktober.

HONIG MIT KLEEBLÜTEN

Zutaten:
ca. 20 ganze Klee-Blütenstände
1 Glas flüssiger Honig (am besten bio)

Zubereitung:
Die Kleeblüten in ein ausreichend großes Glas geben und mit dem Honig übergießen. Einige Tage durchziehen lassen. Dann kann die Mischung als Hausmittel gegen Halsschmerzen und Husten verwendet werden. Sie ist etwa ein halbes Jahr lang haltbar. Ebenso können Sie auch frische, hellgrüne Lärchen- oder Fichtenspitzen mit Honig aufsetzen und als Mittel gegen Beschwerden der Atemwege verwenden.

BREIT- UND SPITZWEGERICH

(Plantago major und Plantago lanceolata)

Beide Wegericharten sind essbar. Ich finde aber, dass Breitwegerich besser schmeckt und zartere Blätter hat. Als Kinder haben wir ein Blatt gepflückt und nachgeschaut, wie viele Fasern an der Bruchstelle hingen. Es hieß dann, so viele Kinder würde man einmal bekommen. Wegerich ist nährstoffreich und als Heilpflanze bekannt. Die amerikanischen Ureinwohner nannten ihn »Fuß des weißen Mannes«, weil die Siedler Blätter in ihre Schuhe legten, um das Abheilen von Blasen zu fördern. Spitz- und Breitwegerich wirken mild abführend. Sie enthalten viele Mineralien, Vitamin C, Tannine und Enzyme. Gut geeignet für Smoothies und für eine Gemüsepfanne mit etwas Knoblauch.

Verwendete Teile: Blätter und Samen.

Heilwirkung: Bei Asthma, Heuschnupfen, Husten, Abgeschlagenheit, Ekzemen und Schuppenflechte. Zerquetschte Blätter auf Wunden und Insektenstiche legen.

Blütezeit: Ganzjährig, aber vorzugsweise junge Blätter verwenden.

WEGERICHPFANNE

Zutaten für 2 Personen:

ca. 20 Blätter vom Breitwegerich
1 Schuss Sesamöl
1 Knoblauchzehe, abgezogen und fein gehackt oder gepresst
1 Stück Ingwer, fein gehackt
1 Schuss Sojasauce

Zubereitung:

Den Wegerich in mundgerechte Stücke schneiden. Das Sesamöl in der Pfanne erhitzen. Knoblauch und Ingwer darin bei schwacher Hitze 1 Minute dünsten. Den Wegerich zugeben und unter ständigem Rühren braten, bis die Blätter zusammenfallen. Mit etwas Sojasauce beträufeln. Das Gemüse schmeckt gut zu Reis und einem Stück Fleisch oder Fisch.

VOGELMIERE

(Stellaria media)

Vogelmiere wächst in Pflaster- und Mauerfugen und sogar in Blumenkübeln. Hühner sind ganz verrückt nach den Blättern, und wir auch! Die unscheinbare Pflanze mit den winzigen weißlichen Sternblüten (daher der botanische Name Stellaria) schmeckt nämlich ausgezeichnet: ein bisschen wie Feldsalat, und ebenso zart ist auch die Konsistenz der Blätter. Man kann sie im Salat essen oder wie Spinat kurz garen. Außerdem ist Vogelmiere sehr gesund. Sie enthält Calcium, Kalium und Magnesium sowie die Vitamine A, B und C.

Verwendete Teile: Blätter.

Heilwirkung: Bei Husten, Asthma und Lungenbeschwerden, auch gegen Rheuma und Gicht, Hautreizungen, Couperose und Geschwüren. Wirkt reinigend und stärkend.

Blütezeit: März-Oktober.

SALAT MIT VOGELMIERE UND ACKER-SENF

Dieser Salat hat einen so feinen Geschmack, dass Sie nicht viele Zutaten brauchen.

Zutaten für 2 Personen:

2 große Handvoll Vogelmiere mit Stielen
1 Blütenkopf vom Acker-Senf (siehe Seite 99)
Olivenöl
Saft von ½ Zitrone

Zubereitung:

Die Vogelmiere waschen und gut abtropfen lassen. Blätter und Stiele auf einen Teller legen. Die Einzelblüten des Acker-Senfs darauf verteilen. Alles mit Olivenöl und Zitronensaft nach Geschmack beträufeln.

LINDENBLÜTEN

(Tilia)

Wenn die Linden blühen, duftet es im ganzen Ort. Das finde ich herrlich. Für den Duft ist der Stoff Farnesol verantwortlich, der in den Blüten enthalten ist. Essbar sind die Blüten und die jungen Blätter. Sobald die Blütezeit beginnt, gehe ich pflücken, um aus den frischen Blüten und Blättern einen Aufguss herzustellen. Die restliche Ernte trockne ich für die übrige Zeit des Jahres. Lindenblütentee wirkt beruhigend, hilft gegen Schlafstörungen und nervöse Anspannung. Bei Fieber und Erkältung hat sich seine schweißtreibende Wirkung bewährt. Außerdem schmeckt Lindenblütentee gut.

Verwendete Teile: Blüten und junge, hellgrüne Blätter, frisch oder getrocknet, für Tee.

Heilwirkung: Lindert Schlafstörungen und nervöse Anspannung. Schweißtreibend und fiebersenkend. Reguliert den Blutdruck und hilft gegen Kopfschmerzen. Die Rinde stärkt die Leber und fördert die Verdauung.

Blütezeit: Mai–Juni.

LINDENBLÜTENTEE

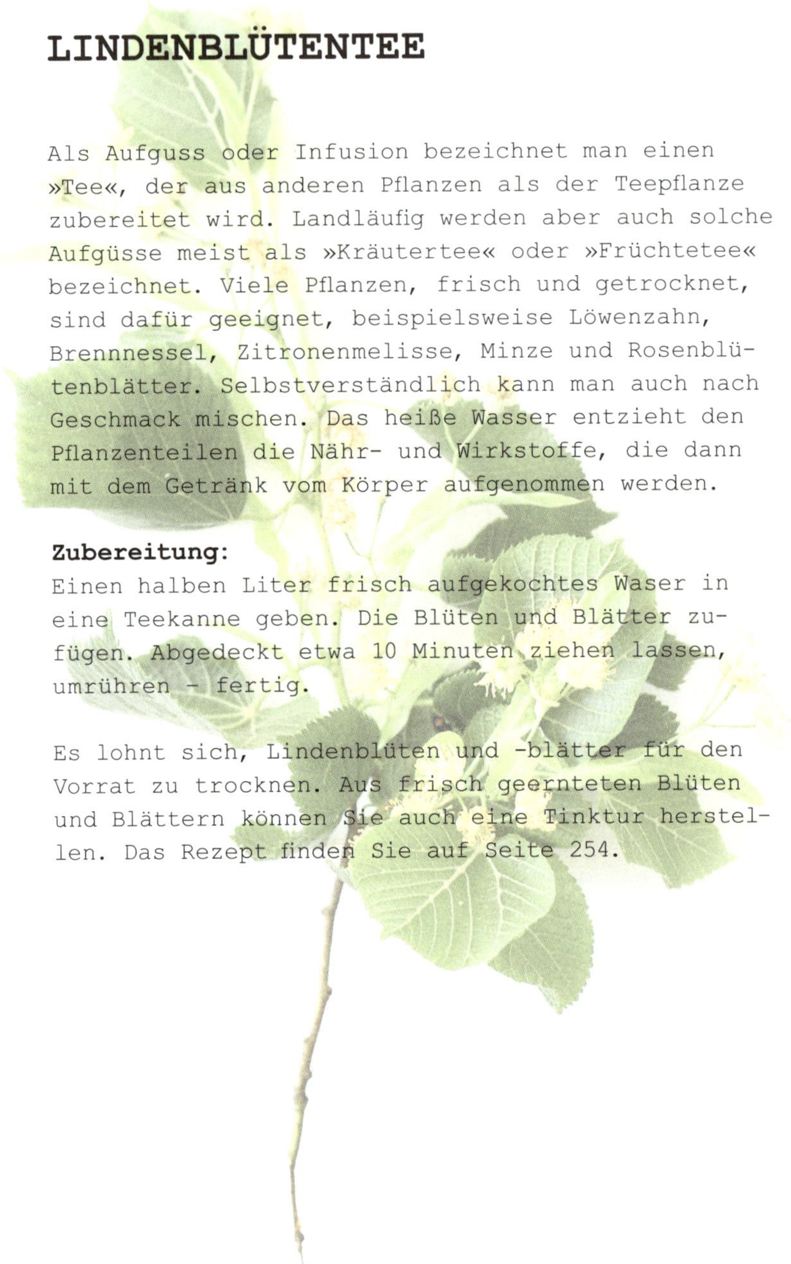

Als Aufguss oder Infusion bezeichnet man einen »Tee«, der aus anderen Pflanzen als der Teepflanze zubereitet wird. Landläufig werden aber auch solche Aufgüsse meist als »Kräutertee« oder »Früchtetee« bezeichnet. Viele Pflanzen, frisch und getrocknet, sind dafür geeignet, beispielsweise Löwenzahn, Brennnessel, Zitronenmelisse, Minze und Rosenblütenblätter. Selbstverständlich kann man auch nach Geschmack mischen. Das heiße Wasser entzieht den Pflanzenteilen die Nähr- und Wirkstoffe, die dann mit dem Getränk vom Körper aufgenommen werden.

Zubereitung:
Einen halben Liter frisch aufgekochtes Waser in eine Teekanne geben. Die Blüten und Blätter zufügen. Abgedeckt etwa 10 Minuten ziehen lassen, umrühren – fertig.

Es lohnt sich, Lindenblüten und -blätter für den Vorrat zu trocknen. Aus frisch geernteten Blüten und Blättern können Sie auch eine Tinktur herstellen. Das Rezept finden Sie auf Seite 254.

ACKER-SENF

(Sinapis arvensis)

Es gibt viele verschiedene Senfarten mit unterschiedlich gefärbten Samen. Alle gehören, wie auch Raps und Kohl, zu den Kreuzblütlern: Ihre Blüten bestehen aus vier Blütenblättern, die kreuzförmig angeordnet sind. Acker-Senf ähnelt dem Raps, hat allerdings leicht behaarte Blätter und Stiele, während die Blätter und Stiele des Raps glatt sind. Die jungen Blätter und Blüten des Acker-Senfs sind essbar. Sie haben einen frischen, pikanten Geschmack.

Verwendete Teile: Junge Blätter und Blüten.

Heilwirkung: Lindert Muskel- und Gelenkschmerzen, fördert Durchblutung und Verdauung.

Blütezeit: Mai-September.

WIESEN-SCHAUMKRAUT

(Cardamine pratensis)

Das Wiesen-Schaumkraut erinnert mich an meine Kindheit. Damals sah man es überall auf den Wiesen. Ich hatte es fast vergessen, aber dann für mich wiederentdeckt und verwende es gern in verschiedenen Rezepten. Es gehört zu den Kreuzblütlern und hat wie alle Pflanzen dieser Familie einen würzigen Geschmack. Wegen seines hohen Vitamin-C-Gehalts wurde es früher gegen Skorbut empfohlen. Die Blüten sind eine köstliche Zutat zu Kräuterbutter.

Verwendete Teile: Blüten und Blätter.

Heilwirkung: Gut für die Verdauung und die Haut. Lindert Rheuma und reguliert den Blutzuckerspiegel.

Blütezeit: April–Juni.

ZAUN-WICKE

(Vicia sepium)

Die Zaun-Wicke flicht sich mit feinen Blättern durch Wiesengras. Ihre kleinen violetten Blüten sind essbar und haben einen recht milden Geschmack. Sie eignen sich sehr gut für Kräuterbutter. Junge Blätter und Triebspitzen können, kurz gegart, ebenfalls verzehrt werden. Die Hülsen und Samen sehen ähnlich aus wie Erbsen, sind aber roh nicht essbar und sollten auch gegart nur in kleinen Mengen verzehrt werden. Früher verwendete man einen abgekühlten Absud der Pflanze zur Wundversorgung. Die beliebte Duft-Wicke Lathyrus odoratus ist im Gegensatz zur Zaun-Wicke nicht essbar.

Verwendete Teile: Junge Blätter und Blüten.

Heilwirkung: Fördert den Stoffwechsel und die Wundheilung. Viehfutter-Pflanze.

Blütezeit: Mai–August.

BLÜTENBUTTER MIT ACKER-SENF, WIESEN-SCHAUMKRAUT UND ZAUN-WICKE

Zutaten:

1 Handvoll gemischte Blüten von Wiesen-Schaumkraut, Acker-Senf, Knoblauchsrauke und Zaun-Wicke
250 g weiche Butter
Salz und Pfeffer
1 Knoblauchzehe, abgezogen und zerdrückt (nach Belieben)

Zubereitung:

Die Blüten von den Stielen zupfen und mit der Butter verrühren. Nach Geschmack mit Salz, Pfeffer und Knoblauch würzen und nochmals gründlich umrühren. Köstlich auf Brötchen oder Toast.

RUPRECHTSKRAUT

(Geranium robertianum)

Das Ruprechtskraut, eine Wildform des Storchschnabels, hat rote Stiele und rot geäderte Blätter. Traditionell wird es als Heilpflanze bei Beschwerden im Zusammenhang mit dem Blut eingesetzt. Es stillt Blutungen, fördert die Blutbildung, wirkt blutreinigend und reguliert den Blutdruck. Man kann aus den Blättern einen Aufguss zubereiten, der als Spül- und Gurgellösung verwendet wird (anschließend ausspucken). Bei Wunden im Mund kann man auch einfach ein oder zwei Blätter kauen. In kleinen Mengen ist die Anwendung unbedenklich, ansonsten empfiehlt es sich, einen Arzt oder Heilpraktiker zu konsultieren.

Verwendete Teile: Blätter und Blüten.

Heilwirkung: Blutreinigend, blutbildend. Stillt Blutungen und reguliert den Blutdruck. Als Spül- und Gurgellösung bei Zahnfleisch- und Halsentzündungen.

Blütezeit: April–November.

GÄNSEBLÜMCHEN

(Bellis perennis)

Gänseblümchen sind so verbreitet, dass wir die kleinen Blüten im Gras oft gar nicht bewusst wahrnehmen. Kaum jemand aber weiß, dass die Blätter und Blüten essbar sind. Vielleicht haben auch Sie als Kind die Blümchen gepflückt und Kränze oder Ketten daraus gemacht? So, wie Ihre Finger anschließend dufteten, schmecken die Blumen. Gänseblümchen enthalten viel Kalium, Calcium, Magnesium und Eisen sowie die Vitamine A und C. Die gesunden Pflanzen eignen sich für eine Frühjahrskur. Bei Wunden im Mund können Sie einfach ein Blatt kauen. Die Knospen können wie Kapern eingelegt werden, und die Blüten und Blätter sind eine leckere Zutat für Smoothies.

Verwendete Teile: Junge Blätter, Blüten und Knospen.

Heilwirkung: Lindert Atemwegsbeschwerden wie Husten, Bronchitis und Asthma. Gegen Wunden im Mund. Als Kur gegen Frühjahrsmüdigkeit. Gut für die Haut.

Blütezeit: Februar-November.

GRÜNER SMOOTHIE MIT GÄNSEBLÜMCHEN

Zutaten für 4 Personen:

1 Handvoll Blüten und Blätter von Gänseblümchen
1 Handvoll Spinat oder anderes grünes Blattgemüse
⅓ Salatgurke
1 Stängel Petersilie
½ Avocado
Saft von 1 Limette
1–2 EL frisch geriebener Ingwer
½ Apfel oder Birne
1–2 TL geschrotete Leinsamen
1 TL Spirulina oder Chlorella (nach Belieben)
1 Glas Wasser oder Kokoswasser

Zubereitung:

Alle Zutaten in einem Mixer glatt pürieren. Sofort genießen.

Für den grünen Smoothie können Sie auch andere Wildpflanzen verwenden, beispielsweise Löwenzahnblätter, Goldnessel, Wegerich, Schafgarbe oder Giersch.

KAPUZINERKRESSE

(Tropaeolum majus)

Die Kapuzinerkresse stammt ursprünglich aus Peru, ist bei uns inzwischen aber bestens bekannt. Manchmal taucht sie einfach im Garten auf, ohne dass man sie gesät hat, und sie wächst auch gern auf dem Komposthaufen. Kapuzinerkresse enthält ein natürliches Antibiotikum, das im Gegensatz zu pharmazeutischen Heilmitteln die Darmflora nicht schädigt. Die Blüten schmecken toll im Salat, aus den Blättern kann man einen Aufguss gegen Bronchitis und Infektionen herstellen, und die Knospen können wie Kapern eingelegt werden. Die Samen eignen sich als Einmachgewürz (siehe Seite 250).

Verwendete Teile: Blätter, Blüten und Samen.

Heilwirkung: Gegen Infektionen und Bronchitis.

Blütezeit: Juni-September.

WIESEN-SAUERAMPFER ODER KLEINER SAUERAMPFER

(Rumex acetosa und *Rumex acetosella)*

Als Kinder haben wir die Stiele von Sauerampfer gekaut, weil sie frisch-säuerlich schmecken und gut den Durst löschen. Aber Sauerampfer kann viel mehr. Die jungen Blätter schmecken roh im Salat und können für eine erfrischende Suppe verwendet werden. Sie sind sehr reich an Eisen und Vitamin C. Da sie aber, wie Rhabarber, Oxalsäure enthalten, sollte man sie nicht bei Arthritis oder Nierenproblemen verzehren. Generell sollte man Sauerampfer nur in kleineren Mengen und nicht über einen längeren Zeitraum genießen. Der Oxalsäuregehalt verringert sich, wenn man den Sauerampfer kocht und das Kochwasser abgießt, oder indem man einen Schuss Milch oder Sahne ans Gericht gibt.

Verwendete Teile: Blätter.

Heilwirkung: Gegen Blutarmut (enthält viel Eisen und Vitamin C). Blutreinigend, mild abführend. Regt die Gallentätigkeit an und reinigt die Haut.

Blütezeit: März-Oktober.

SALAT MIT WIESEN-SAUERAMPFER UND KAPUZINERKRESSE

Zutaten für 2 Personen:

4 Handvoll Wiesen-Sauerampfer
1 Avocado, in Scheiben geschnitten
einige Kapuzinerkresseblüten
1 große Tomate, geachtelt
½ Salatgurke, in Scheiben geschnitten
Olivenöl
Salz und Pfeffer

Zubereitung:

Den Sauerampfer gründlich waschen, gut abtropfen lassen und in eine Schüssel geben. Avocado, Kapuzinerkresse, Tomate und Gurke zufügen. Alles mit Olivenöl beträufeln. Weil der Ampfer säuerlich schmeckt, kann (muss aber nicht) auf Essig oder Zitronensaft verzichtet werden. Den Salat mit Salz und Pfeffer abschmecken.

WEIDE

(Salix alba)

Weidenrinde enthält ein natürliches Salicylat. Dieser Stoff mit entzündungshemmender, schmerzlindernder Wirkung ist auch in Aspirin enthalten. Gegen Kopfschmerzen hilft es tatsächlich, ein Weidenblatt zu kauen. Wer Weidenrinde erntet, sollte behutsam vorgehen, denn wenn größere Rindenstücke entfernt werden, nimmt der Baum Schaden. Wenn aber Weiden radikal gestutzt werden, können Sie ruhig einen ganzen Ast mitnehmen. Frische, junge Blätter sind essbar. Die Rinde kann getrocknet und für Aufgüsse verwendet werden.

Verwendete Teile: Frische, junge Blätter (maximal eine Handvoll), Rinde.

Heilwirkung: Entzündungshemmend und schmerzlindernd.

Blütezeit: Ganzjährig.

Essbar sind auch die frischen, jungen Blätter anderer Bäume, beispielsweise von Birke, Linde, Weißdorn, Buche, Walnuss und Pappel.

GRÜNE WALNUSS

(Juglans regia)

Walnüsse reifen im Herbst – dazu Näheres auf Seite 220. Im Frühjahr kann man aber die unreifen, grünen Walnüsse ernten, um einen Likör daraus zuzubereiten oder sie einzumachen. Traditionell werden grüne Walnüsse vor Johanni (24. Juni) geerntet. Die grünen, fleischigen Schalen enthalten einen braunen Farbstoff, der für eine tönende Haarspülung verwendet werden kann. Weil der Farbstoff hartnäckig ist, sollten Sie bei der Verarbeitung Handschuhe tragen.

WALNUSSLIKÖR

Zutaten:
30 grüne, unreife Walnüsse
2 Zimtstangen
5 Gewürznelken
1 Vanilleschote
abgeriebene Schale von 1 Bio-Zitrone
325 g Zucker
1 Liter Wodka

Zubereitung:
Die Walnüsse vierteln und in ein makellos sauberes, großes Glas geben. Zimtstangen, Nelken, Vanilleschote, Zitronenschale und Zucker zufügen. Mit Wodka auffüllen, das Glas verschließen und die Mischung 2 Monate ruhen lassen. Danach durch ein sauberes Passiertuch gießen und den Likör in eine saubere Flasche (oder mehrere kleine) füllen.

De Buiten Keuken

Ernten im Juli und August

Im Juli und August gibt es in der Natur jede Menge zu ernten. Jetzt blühen Kornblume, Buschmalve, Nachtkerze und viele andere Blumen, die essbare Blüten tragen. Brombeeren und Himbeeren sind reif, aber auch Wilde Möhre und Fenchelblüten bereichern den Speisezettel – nicht zu vergessen die Wilde Rauke für den Salat.

Notizen

. . . .

. . . .

. . . .

. . . .

. . . .

. . . .

. . . .

. . . .

. . . .

. . . .

. . . .

WILDE RAUKE

(Diplotaxis tenuifolia)

In manchen Jahren sieht man viel Wilde Rauke und Wilde Möhre, in anderen Jahren scheinen andere Pflanzen an der Reihe zu sein. Insofern ist es mitunter Glückssache, Wilde Rauke zu finden. Ihre Blüten und Blätter sind essbar, und der Geschmack ist viel würziger als der von Rucola aus dem Supermarkt. Wilde Rauke gehört zu den Kreuzblütlern und hat gelbe Blüten, während die Formen aus kommerziellem Anbau meist weiße Blüten tragen. Als Salatzutat ist sie kaum zu überbieten. Sie ist sehr vitaminreich und enthält vor allem viel Vitamin K.

Verwendete Teile: Blätter und Blüten.

Heilwirkung: Enthält Vitamin K, das die Blutbildung fördert und – wichtig zur Vorbeugung gegen Demenzerkrankungen – die Bildung von Neuronen anregt.

Blütezeit: Juni–Oktober.

LINSENSALAT MIT WILDER RAUKE

Diesen Salat habe ich zum ersten Mal in einem Bio-Restaurant in Barcelona gegessen, und ich war begeistert. Das Rezept ist einfach, aber sehr empfehlenswert!

Zutaten für 4 Personen:
250 g Linsen
1 Handvoll Wilde Rauke
kleine aromatische Tomaten
Balsamico-Essig
Olivenöl
5 Blätter Basilikum
Salz

Zubereitung:
Die Linsen gründlich waschen und ca. 20 Minuten garen. Mit kaltem Wasser abspülen, gut abtropfen lassen und in eine Schüssel geben. Rauke und Tomaten in mundgerechte Stücke schneiden und zu den Linsen geben. Alles mit Balsamico-Essig und Olivenöl beträufeln. Die Basilikumblätter schneiden, untermischen und den Salat mit Salz abschmecken.

KAMILLE
(Matricaria chamomilla)

Die Echte Kamille mit den gelb-weißen Blüten ist als Teekraut gut bekannt, aber sie kann noch viel mehr. Kamillentee hilft – mit etwas Honig gesüßt – gegen Halsschmerzen. Er erleichtert das Einschlafen, lindert Bauchschmerzen und Krämpfe und eignet sich wegen seines milden Geschmacks besonders gut für Kinder. Überdies wirkt Kamille entzündungshemmend, antibakteriell und antifungal (wirkt gegen Pilze). Die besten Zubereitungen sind Tee und Tinktur. Die Kamille ähnelt im Aussehen dem Mutterkraut, das gegen Kopfschmerzen angewandt wird, unterscheidet sich von diesem aber in der Blattform und vor allem im Geruch.

Verwendete Teile: Blüten und Blätter.

Heilwirkung: Lindert Magen- und Darmbeschwerden, Bauchschmerzen, Krämpfe und Entzündungen. Äußerlich angewandt auch gegen Hautentzündungen und rissige Haut.

Blütezeit: Mai–Juni.

Sammeln Sie jetzt auch Blüten zum Trocknen oder bereiten Sie daraus eine Tinktur zu, die gegen Bauchschmerzen und Entzündungen im Mund verwendet werden kann (siehe Seite 254).

PFANNKUCHEN MIT KAMILLE UND WILDEN MÖHRENBLÜTEN

Zutaten für 4 Pfannkuchen:

200 g Mehl (nach Belieben auch Dinkel- oder Buchweizenmehl)
100 ml Milch (für Buchweizen-Pfannkuchen Mineralwasser mit Kohlensäure)
1 Ei
Butter oder Sonnenblumenöl zum Braten
1 Handvoll Kamillenblüten
1 Blütenstand der Wilden Möhre (siehe Seite 157)
Puderzucker zum Bestreuen

Zubereitung:

Das Mehl in eine Schüssel sieben. Milch und Ei zufügen und alles zu einem glatten Teig verrühren. Etwas Butter in einer Pfanne erhitzen, ein Viertel der Teigmenge hineingießen und mit Blüten bestreuen. Den Pfannkuchen von beiden Seiten goldbraun braten. Den restlichen Teig ebenso verarbeiten. Die Pfannkuchen nach Belieben mit Puderzucker bestreuen.

WILDE MALVE

(Malva sylvestris)

Die Wilde Malve ist mit der Buschmalve verwandt, aber auch mit der Linde. Ihr alter volkstümlicher Name »Käsepappel« verweist auf die Früchte, die wie winzige Käselaibe aussehen. Essbar sind neben den Blättern und Blüten auch die Früchte und Wurzeln. Weil die Wilde Malve reich an Schleimstoffen ist, wird sie traditionell gegen Erkältung und Husten angewendet. Sie regt aber auch die Verdauung an. Junge Blätter können roh im Salat gegessen werden. Kocht man sie in Suppen oder Saucen mit, wirken sie leicht verdickend. Die Blüten sind eine hübsche essbare Salatzutat und können auch in Öl eingelegt werden. Legt man die Blätter auf eine Quiche oder herzhafte Tarte, sehen sie wie Seerosenblätter auf einem Teich aus.

Verwendete Teile: Blüten und Blätter für Salat oder Tee.

Heilwirkung: Lindert Bronchitis, Husten, Halsentzündung, Wunden im Mund sowie Entzündungen in Magen und Darm. Enthält Schleimstoffe und Flavonoide (Antioxidantien).

Blütezeit: Mai-Oktober.

HERZHAFTE TARTE MIT MALVENBLÄTTERN

Zutaten für 4 Personen:

Butter zum Einfetten
5 kleine Scheiben Blätterteig (aus dem Kühlregal)
200 g geriebener Käse
250 g Crème fraîche
2 Eier
20 Malvenblätter (ca. 10 Malvenblätter für die Füllung und ca. 10 zum Belegen, nach Belieben außerdem 10 Gänseblümchen und 5 Löwenzahnblätter)
Salz und Pfeffer

Zubereitung:

Den Backofen auf 175 °C vorheizen. Eine flache Backform fetten und mit Blätterteig auslegen, dabei die Scheiben gut zusammendrücken. Den Teig auch am Formrand hochziehen. Käse, Crème fraîche und Eier verrühren. Die fünf schönsten Malvenblätter zum Belegen zur Seite legen. Die Wildpflanzenblätter für die Füllung fein hacken und unter die Käsemasse rühren. Mit etwas Salz und Pfeffer würzen, dann die Füllung auf den Blätterteig gießen. Mit den restlichen Malvenblättern belegen und 20 Minuten goldbraun backen.

KLATSCHMOHN

(Papaver rhoeas)

Ich finde es wunderschön, wenn der Mohn auf den Feldern blüht, vor allem, wenn die roten Blüten zwischen gelbem Raps leuchten. Blüten, Blätter und Samen des Klatschmohns sind essbar. Er ist zwar mit dem Schlafmohn (Papaver somniferum) verwandt, enthält aber im Gegensatz zu diesem keine berauschenden Stoffe. Sie können also Mohnblüten bedenkenlos verzehren, beispielsweise als essbare Salatgarnierung. Die Samen sind eine beliebte Backzutat.

Verwendete Teile: Blätter, Blüten und Samen.

Heilwirkung: Gegen Husten und Heiserkeit. Schmerzlindernd und beruhigend.

Blütezeit: Blätter April-Mai, Blüten Mai-August, Samen August.

Tipp: Die Blütenknospen können wie Kapern eingelegt werden.

WIESEN-FLOCKENBLUME

(Centaurea jacea)

UND KORNBLUME

(Centaurea cyanus)

Die hellviolett blühende Wiesen-Flockenblume sieht auf den ersten Blick wie eine zierliche Distel aus, hat aber keine Stacheln. Sie ist eng mit der selteneren, kräftiger blau blühenden Kornblume verwandt. Beide sind essbar und verfügen auch über ähnliche heilwirksame Stoffe. Ein sorgfältig gefilterter Aufguss der Blüten eignet sich beispielsweise als Spülung für entzündete Augen. Die Blüten können auch als essbare Salatdekoration oder für Tee verwendet werden. Weil die blaue Kornblume relativ selten geworden ist, lassen wir sie lieber stehen, zumal man Kornblumen aus Bio-Anbau auch in Kräuterläden kaufen oder online bestellen kann.

Verwendete Teile: Blüten.

Heilwirkung: Wirkt fiebersenkend, schleimlösend, harntreibend und verdauungsfördernd. Als Spülung bei Reizungen der Augen und der Kopfhaut.

Blütezeit: Juli–September.

BLAUER JOGHURT

Schon wenige getrocknete Kornblumenblüten genügen, um Joghurt zart blau zu färben. Die Blüten werden im Joghurt schnell weich. Nach Geschmack können Sie noch etwas Honig oder Vanillezucker hinzufügen.

WEGWARTE

(Cichorium intybus)

Die Wegwarte gehört zur Familie der Zichoriengewächse. Sie trägt im Sommer hübsche, hellblaue Blüten auf langen Stielen. Essbar sind die Blätter, Blüten und Wurzeln. Die Inhaltsstoffe der Wegwarte wirken entzündungshemmend, stärken die Leber und fördern die Verdauung. Traditionell wird die Pflanze auch bei Stress, Anspannung, Herzklopfen, Angstzuständen und Nervosität verwendet. Die getrockneten Wurzeln werden geröstet und als Kaffeeersatz aufgebrüht. Sie wirken kräftigend, leicht abführend und lindern Harnwegsinfektionen.

Verwendete Teile: Blätter, Blüten, Stiele und Wurzeln.

Heilwirkung: Fördert Stoffwechsel und Verdauung. Wirkt harntreibend. Wird auch bei Stress und Hautbeschwerden angewandt.

Blütezeit: Junge Blätter April–Juli, Blüten Juli–September, Wurzeln September–Frühjahr.

ESSIG MIT ESSBAREN BLÜTEN

Zutaten:
10-15 Blüten von Wegwarte, Wiesenflockenblume, Kornblume, Rotklee und/oder Ruprechtskraut
500 ml Apfelessig

Zubereitung:
Alle Blüten in eine hübsche, saubere Flasche füllen und mit dem Essig übergießen. Sie müssen ganz von Flüssigkeit bedeckt sein. Sechs Wochen ziehen lassen, zwischendurch gelegentlich schütteln. Danach kann der Essig als gesunde Zutat für Salatdressings verwendet werden.

BROMBEERE
(Rubus fructicosus)
HIMBEERE UND
(Rubus idaeus)
JAPANISCHE WEINBEERE
(Rubus phoenicolasius)

Am allerbesten schmecken die Früchte der drei miteinander verwandten Arten voll ausgereift und direkt vom Strauch. Alle sind reich an Antioxidantien und Vitamin C. Ich koche aber auch gern ein Kompott aus den Früchten. Weiter vorn in diesem Buch wurden bereits die Blätter vorgestellt, die sehr gesund sind (siehe Seite 51). Den Früchten möchte ich mich hier widmen. Brombeeren beugen vorzeitiger Alterung vor, denn sie enthalten viele Vitamine, Magnesium und Eisen sowie Antioxidantien. Himbeeren sind ebenfalls reich an Antioxidantien und wirken fiebersenkend.

Verwendete Teile: Früchte.

Heilwirkung: Stärken das Immunsystem. Reich an Vitamin A, B und E, Magnesium, Eisen und Antioxidantien.

Blütezeit: August-September.

ABGETROPFTER JOGHURT MIT KOMPOTT

Zutaten für das Kompott, für 4 Personen:
500 g Brombeeren, Himbeeren und Japanische Weinbeeren – oder was immer Sie finden können
100 g Zucker oder Agavendicksaft

Zubereitung:
Alle Zutaten in einen Topf geben und bei schwacher Hitze köcheln lassen, bis die Beeren zerfallen. Wer möchte, streicht das Kompott durch ein Sieb, um die vielen kleinen Kerne zu entfernen.

Zutaten für den Joghurt, für 4 Personen:
500 g griechischer Joghurt (10 % Fett)
1 Päckchen Vanillezucker

Zubereitung:
Den Joghurt mit dem Vanillezucker verrühren. Ein Sieb mit einem Passiertuch auslegen und auf eine Schüssel stellen. Den Joghurt ins Sieb geben und über Nacht abtropfen lassen. Die abgetropfte Flüssigkeit weggießen.

WILDE MÖHRE

(Daucus subsp. carota)

Die Blüten schmecken und duften herrlich, ebenso wie die Samen. Beides kann direkt aus der Natur verzehrt werden. Ich habe einmal ein Sorbet mit den Blüten zubereitet, das unwiderstehlich war. Allerdings sind die Blüten recht hart, darum muss man die Masse vor dem Gefrieren durch ein feines Sieb streichen, um die Feststoffe zu entfernen. Der englische Name »Queen Anne's Lace« spielt auf das spitzenzarte Aussehen der Blütenstände an. Die Wilde Möhre gehört zu den Doldenblütlern, von denen viele giftig sind, beispielsweise der Kälberkropf. Sie ist aber recht gut daran zu erkennen, dass jede der kleinen weißen Einzelblüten normalerweise ein dunkelviolettes Zentrum hat.

Verwendete Teile: Blüten, Blätter und Samen.

Heilwirkung: Blüten und Samen werden bei Blasen- und Nierenproblemen eingesetzt. Die Wurzeln enthalten Karotin, das im Körper in augenstärkendes Vitamin A umgewandelt wird. Sie lindern Durchfall und helfen bei der Bekämpfung von Darmparasiten (Würmern).

Blütezeit: Juni–August, Samen im September.

WILDMÖHRENTORTE MIT BLÜTEN

Zutaten für den Teig:
250 g weiche Butter plus etwas mehr zum Einfetten
250 g Zucker
4 Eier
abgeriebene Schale und Saft von 1 Bio-Orange
10 Blütenstände von der Wilden Möhre
250 g (Wilde) Möhren, geraspelt
200 g Mehl Type 405
2 TL Backpulver
100 g gemahlene Mandeln
100 g Walnusskerne (nach Belieben), gehackt
1 TL Lebkuchengewürz
1 TL gemahlener Zimt
1 Prise Salz

Zutaten für die Glasur:
100 g Mascarpone
250 g Doppelrahmfrischkäse
50 g Puderzucker
abgeriebene Schale und Saft von 1 Bio-Limette
10 essbare Wildblüten zum Garnieren (je nach Saison, z.B. Rose, Wilde Malve, Wiesenflockenblume, Kornblume, Wegwarte, Buschmalve, Gänseblümchen)

Zubereitung:
Den Backofen auf 180 °C vorheizen. Eine Springform mit Butter einfetten und mit Backpapier auslegen. Die weiche Butter mit dem Zucker verrühren. Die Eier einzeln zugeben und unterrühren. Schale und Saft der Orange zugeben. Die Blüten von den Stielen abzupfen und zusammen mit der geraspelten Möhre zufügen. Zuletzt Mehl, Backpulver, Mandeln, Nüsse und Gewürze unterrühren. Den Teig in die Form füllen und 45 Minuten backen. Er ist gar, wenn an einem in der Mitte eingestochenen Stäbchen kein Teig hängen bleibt. Für die Glasur Mascarpone, Frischkäse, Puderzucker, Schale und Saft der Limette verrühren und zum Festwerden in den Kühlschrank stellen. Den Kuchen ganz erkalten lassen, dann mit der Creme bestreichen und kurz vor dem Servieren mit den Blüten dekorieren.

Weitere schöne essbare Blüten zum Garnieren:
Stiefmütterchen, Horn- oder Märzveilchen, Kamille.

WILDER FENCHEL

(Foeniculum vulgare)

UND DILL

(Anethum graveolens)

Fenchel und Dill tragen hübsche Blütendolden auf langen Stielen. Beide duften wunderbar. Stellt man sie in eine Vase, verbreitet sich der Duft im ganzen Raum. Tee aus den Blüten und Samen von Dill und Fenchel wird traditionell gegen Verdauungsbeschwerden empfohlen. Fencheltee ist ein altes Hausmittel gegen Bauchschmerzen bei Kindern und soll auch die Muttermilchbildung fördern. Beide Pflanzen wirken außerdem krampflösend und antibakteriell.

Verwendete Teile: Blüten und Samen.

Heilwirkung: Fördert die Verdauung. Lindert Koliken, Übelkeit und Blähungen.

Blütezeit: Blüten Juli-August, Samen September.

WILDES STIEFMÜTTERCHEN

(Viola tricolor)

Die hübschen Blüten sind eine reizende, essbare Salatdekoration, können aber auch Haut- und Atemwegsbeschwerden lindern. Traditionell wurde die Pflanze gegen Ekzeme, Akne, Schuppenflechte, Würmer, Blasenbeschwerden, Gicht, rheumatische Arthritis, Keuchhusten und andere Erkrankungen empfohlen - und sogar gegen Liebeskummer. Erstaunlich für eine so kleine Blume!

Verwendete Teile: Blüten. Die getrockneten, oberirdischen Teile können für Tee verwendet werden.

Heilwirkung: Bei Hautbeschwerden, vor allem für Kompressen bei Ekzemen, Schuppenflechte und Akne. Auch bei Beschwerden der Atem- und Harnwege.

Blütezeit: April-September.

WILDER MAJORAN

(Origanum vulgare)

Ich war restlos begeistert, als ich eines Tages Wilden Majoran auf einem Deich in Amsterdam entdeckte – und das auch noch in rauen Mengen. Ich habe sofort eine Handvoll für ein Omelett gepflückt, und es schmeckte köstlich. Besonders gern verwende ich die Blüten, aber auch die Blätter sind sehr lecker. Der Wilde Majoran ist bekannt dafür, dass er Völlegefühl, Magenschmerzen und Verdauungsbeschwerden lindert. Um die Bestände zu schonen, ist es ratsam, den Wilden Majoran nur in Maßen zu ernten, und nur an Stellen, an denen er üppig wächst. Übrigens ist auch Wilder Thymian in freier Natur zu finden. Auch er schmeckt gut in Omeletts oder Salaten und er hilft gegen Husten und Erkältung.

Verwendete Teile: Blüten und Blätter.

Heilwirkung: Völlegefühl, Bauchschmerzen und Husten. Regt die Verdauung an.

Blütezeit: Juli-Oktober.

HERZHAFTE PFANNKUCHEN MIT WILDEM MAJORAN

Zutaten für 2 Personen:

1 große Tomate
150 g Mehl
1 Schuss Milch
1 Ei
50 g Parmesan, frisch gerieben
10 Blüten und Blätter vom Wilden Majoran

Zubereitung:

Die Tomate in kleine Stücke schneiden. Das Mehl mit Milch, Ei und geriebenem Käse zu einem Teig verrühren, der etwas dickflüssiger als ein normaler Pfannkuchenteig ist. Wilden Majoran und Tomatenstücke unterrühren. Aus dem Teig nicht zu dünne Pfannkuchen backen. Die Garzeit entspricht etwa der für ein Omelett, ist also etwas länger als für normale Pfannkuchen. Dazu schmeckt ein Dip aus Joghurt mit einem Schuss Chilisauce.

JOHANNISKRAUT

(Hypericum perforatum)

Johanniskraut trägt gelbe, sternförmige Blüten. Die Pflanze ist sehr nährstoffreich und hat eine lange Tradition als Heilpflanze. Ich bereite mir daraus einen Tee bei Menstruationsbeschwerden und Krämpfen zu oder auch, wenn ich Sorgen habe. Johanniskraut besitzt stimmungsaufhellende Wirkung, vor allem in Kombination mit Minze und Löwenzahn. Bei ernsthaften Depressionen ist jedoch Rücksprache mit einem Arzt oder Heilpraktiker notwendig. Wer die Pille nimmt, sollte es nicht verwenden.

Verwendete Teile: Oberirdische Teile.

Heilwirkung: Hilfreich bei Schlafbeschwerden, depressiven Verstimmungen und Magenbeschwerden. Wirkt harntreibend (d.h. fördert die Ausscheidung von Stoffwechselendprodukten). Kompressen und Öl zur Wundversorgung.

Blütezeit: Juli–August.

Sie können aus Johanniskraut ein goldrotes Öl herstellen, das die Heilung von Schürf- und Brandwunden fördert. Dafür die Blüten in ein sauberes Gefäß geben, mit Mandelöl oder Olivenöl übergießen und 6 Wochen an einem hellen Platz stehen lassen. Regelmäßig drehen und schütteln, um Schimmelbildung zu verhindern. Danach die Feststoffe abfiltern.

Tee: Blätter und Blüten können frisch oder getrocknet verwendet werden. Zum Trocknen die Pflanzenteile auf Backpapier verteilen und an einen trockenen, gut belüfteten Ort legen.

MÄDESÜSS

(Filipendula ulmaria)

Mädesüß wächst bevorzugt an feuchten Standorten. Seine hellgelben Blütenstände duften süßlich, ein bisschen wie Mandeln. Wie die Weide enthält auch diese Pflanze schmerzlindernde Salicylate, darum kann ein Tee aus Mädesüß gegen Kopf- und Rückenschmerzen helfen. Alternativ können Sie einfach ein frisches Blatt kauen. Mädesüßblüten und Weiderinde waren die ersten Rohstoffe, aus denen Salicylsäure gewonnen wurde, der Wirkstoff in Aspirin. Die zarten Blüten mit dem milden Mandelaroma schmecken aber auch sehr gut in einem Kuchen.

Verwendete Teile: Blüten und Blätter.

Heilwirkung: Lindert Magenschmerzen, Rheuma, Rückenschmerzen, Husten, Durchfall und Kopfschmerzen.

Blütezeit: Juni–August.

MÄDESÜSSKUCHEN

Zutaten:

4 Eier (am besten bio)
200 g weiche Butter plus etwas mehr zum Einfetten
200 g Vollrohrzucker oder Honig
200 g gemahlene Mandeln
1 TL Backpulver
6 EL getrocknete Mädesüßblüten (ohne Blätter, auch in Kräuterläden oder online erhältlich)
abgeriebene Schale von 1 Bio-Zitrone

Zubereitung:

Den Backofen auf 180 °C vorheizen. Die Eier mit der Butter schaumig schlagen, dann Zucker und gemahlene Mandeln unterrühren. Zuletzt Backpulver, Mädesüßblüten und Zitronenschale zugeben. Alles gut verrühren und in eine eingefettete Kuchenform füllen. Den Kuchen etwa 50 Minuten backen, bis er goldbraun ist. Falls er zu früh dunkel wird, die Oberfläche mit Alufolie abdecken.

Ernten im September und Oktober

Im September können Sie die letzten essbaren Blüten von Nachtkerze und Buschmalve pflücken. Überall reifen jetzt Beeren und andere Früchte: Sanddorn, Berberitze, Hagebutte. Von Drüsigem Springkraut, Brennnesseln, Fenchel und Wilder Möhre können Sie nun Samen ernten und frisch zum Kochen verwenden oder für den Winter aufbewahren. Wer die Standorte der Bäume kennt, kann Haselnüsse, Walnüsse, Bucheckern oder Esskastanien sammeln. Beginnen Sie um diese Jahreszeit, Gemüse für den Winter einzumachen und Blüten oder andere Pflanzenteile für Tees und Tinkturen zu trocknen. Rezepte finden Sie ab Seite 244.

Jetzt sammeln und trocknen:
Samen von Drüsigem Springkraut, Brennnessel, Fenchel, Wilder Möhre, Nachtkerze, Kapuzinerkresse und Wegerich.

Notizen

. . . .

. . . .

. . . .

. . . .

. . . .

. . . .

. . . .

BUSCHMALVE

(Alcea rosea)

Buschmalven findet man in freier Wildbahn, oft aus Gärten verwildert. Essbar ist nur die Wildform, nicht genießbar sind die dekorativen Stockrosen, die aus ihr gezüchtet wurden. Die hübsche, bis zu mannshohe Buschmalve blüht oft bis in den Oktober oder November hinein. Sie ist mit der Linde verwandt und wirkt wie diese schweißtreibend, schleimlösend und hustenstillend. Die Wirkung ist jedoch etwas schwächer. Die mild schmeckenden Blüten und Knospen verwende ich gern für Salate.

Verwendete Teile: Blüten und Blütenknospen.

Heilwirkung: Lindert Entzündungen des Verdauungstrakts und Husten. Wirkt schweißtreibend und schleimlösend.

Blütezeit: September.

SALAT MIT BUSCHMALVENBLÜTEN

Zutaten für 2 Personen:

1 Kopf grüner Salat (Sorte nach Wahl)
4 EL Olivenöl
2 EL Apfelessig oder Zitronensaft
1 EL Honig
½ Schalotte, fein gehackt
Salz und frisch gemahlener Pfeffer
1 großzügige Handvoll Buschmalvenknospen
und 3 schöne Blüten

Zubereitung:

Den Salat waschen und gut abtropfen lassen. Inzwischen ein Dressing aus Öl, Essig oder Zitronensaft, Honig und Schalotte rühren. Mit Salz und Pfeffer abschmecken. Die Salatblätter in mundgerechte Stücke schneiden und mit dem Dressing mischen. Mit Blütenknospen und Blütenblättern bestreuen.

NACHTKERZE

(Oenothera biennis)

Die leuchtend gelben Blüten der Nachtkerze sind schon von Weitem zu erkennen. Die Pflanze sieht aber nicht nur hübsch aus, alle ihre Teile sind essbar, und auch als Heilpflanze hat sie eine lange Tradition. Weil sie hormonell bedingte Beschwerden – auch Hautprobleme – lindert, eignet sie sich gut für Jugendliche. Sie kann aber auch überaktive Kinder beruhigen. Außerdem hat sie sich bei Wechseljahresbeschwerden bewährt. Früher wurde sie äußerlich zur Behandlung von Wunden und Infektionen und innerlich gegen Husten und Erkältung angewandt. Wurzeln von Jungpflanzen, die noch nicht blühen, kann man ausgraben. Um im Herbst die Samen zu ernten, hängen Sie die Stiele mit den Samenständen kopfüber und stellen ein Tablett darunter, um die Samen aufzufangen.

Verwendete Teile: Blüten und junge Blätter für Salate. Die Samen wie Mohnsamen verwenden, die Wurzeln können roh verzehrt werden.

Heilwirkung: Das Öl aus den Samen lindert PMS und depressive Verstimmungen, hilft beim Abnehmen, reguliert den Cholesterinspiegel und den Blutdruck und kann bei Arthritis eingesetzt werden. Es eignet sich zur Behandlung von Akne, Ekzemen und anderen Hautproblemen und beruhigt überaktive Kinder.

Blütezeit: August–September.

DATTELBÄLLCHEN MIT NACHTKERZE

Zutaten für 8–10 Bällchen:
100 g entsteinte Medjoul-Datteln
50 g ungeröstete Nusskerne
3 TL Rohkakao
Kokosraspel zum Wälzen
2–3 TL Nachtkerzensamen zum Wälzen

Zubereitung:
Datteln, Nüsse und Kakao im Mixer zu einer gebundenen Masse zerkleinern. Entscheiden Sie selbst, ob die Masse ganz glatt oder etwas stückig sein soll. Aus der Masse kleine Kugeln formen, zuerst in Kokosraspeln und danach in Nachtkerzensamen wälzen. Die Bällchen im Kühlschrank aufbewahren. Aus Erfahrung weiß ich, dass sie schnell aufgegessen werden.

Tipp:
Dieses Rezept lässt sich gut variieren. Sie können beispielsweise andere Trockenfrüchte für die Masse verwenden oder die Bällchen in Sesam oder fein gehackten Nüssen wälzen.

WEISSER GÄNSEFUSS

(Chenopodium album)

Diese grüne Pflanzen ist trotz ihrer Größe relativ unscheinbar, überzeugt aber durch ihren typischen, würzigen Geschmack. Sie eignet sich für Suppen und Lasagne und kann auch roh für Salate verwendet werden. Der Gänsefuß enthält viel Eisen, mehr Vitamin C als Kohl und Salat sowie Kalium, Zink und Phosphor. Der Gehalt an Bitterstoffen und somit der Geschmack kann von Pflanze zu Pflanze variieren.

Verwendete Teile: Blätter, Knospen, Blüten und Samen.

Heilwirkung: Hilfreich bei Nervenschmerzen und Menstruationsbeschwerden. Harntreibend, entzündungshemmend, entgiftend und entwurmend. Fördert die Bildung von Muttermilch. Stärkt Harnwege und Nieren, lindert Gicht und Rheuma. Kurz gesagt, eine sehr gesunde Pflanze.

Blütezeit: Juli-Oktober.

GÄNSEFUSS-SUPPE

Zutaten für 4 Personen:
Butter oder Olivenöl zum Dünsten
1 Zwiebel, abgezogen und fein gehackt
1 Knoblauchzehe, abgezogen und fein gehackt
4 kleine Kartoffeln, geschält und gewürfelt
500 ml Gemüsebrühe
200 g Blätter vom Weißen Gänsefuß
1 Schuss Sahne (nach Belieben)
Salz und Pfeffer

Zubereitung:
Butter oder Öl in einem Topf erhitzen und die Zwiebel darin 1 Minute dünsten. Den Knoblauch kurz mitdünsten. Die Kartoffeln zufügen und gut umrühren. Brühe und Gänsefuß zugeben. Kurz aufkochen, dann die Suppe bei schwacher Hitze 10 Minuten köcheln lassen. Mit einem Stabmixer glatt pürieren. Nach Belieben mit einem Schuss Sahne verfeinern und mit Salz und Pfeffer abschmecken.

HAGEBUTTEN

(Rosa canina)

Früher haben wir in der Schule Hagebuttenmark gekocht. Das war mühsam, denn wir mussten jede einzelne Frucht aufschneiden und die Kerne herausschaben. Heute koche ich die Kerne einfach mit und streiche die Masse hinterher mit einem Kochlöffel durch ein feines Sieb. Getrocknete Hagebuttensamen sind ein traditionelles Heilmittel gegen Blasenbeschwerden. Die Härchen an den Samen können allerdings Augen, Haut und Mundschleimhaut unangenehm reizen. Hagebutten sind sehr gesund: Mit ihrem hohen Vitamin-C-Gehalt kann sich nur der Sanddorn messen. Im Frühjahr haben wir schon die Blütenblätter geerntet (siehe Seite 39). Blüten und Früchte aller europäischen Wildrosen sind essbar.

Verwendete Teile: Hagebutten.

Heilwirkung: Stärkt durch Vitamin C das Immunsystem. Mild abführend und harntreibend.

Blütezeit: Juli–September.

HAGEBUTTENMARK

Sie können einen Teil der Hagebutten durch Sanddornbeeren ersetzen.

Zutaten:
1 kg Hagebutten
500 g Äpfel
200 g Zucker, Kokosblütenzucker oder Agavendicksaft
Saft von 1 Zitrone

Zubereitung:
Die Hagebutten waschen, Stiele und Kelchblätter entfernen. Die Hagebutten halbieren. Die Äpfel schälen, entkernen und vierteln. Hagebutten, Äpfel, Zucker und Zitronensaft in einen Topf geben und so viel Wasser zufügen, dass die Zutaten bedeckt sind. 40 Minuten bei geschlossenem Deckel köcheln lassen.

Die Mischung durch ein Sieb streichen, um die Kerne und Schalen zu entfernen. Das Fruchtmark nochmals aufkochen, dann in sterilisierte Gläser füllen. Die Deckel zuschrauben und die Gläser 15 Minuten stehen lassen, damit sich ein Vakuum bildet. Das Hagebuttenmark an einem dunklen Platz lagern. Nach dem Öffnen in den Kühlschrank stellen.

BERBERITZE

(Berberis vulgaris)

Im August und September können Sie die Beeren der Berberitze ernten. Die länglich-schlanken, roten Früchte sind leicht zu erkennen. Sie haben einen frisch-säuerlichen Geschmack. Die Blätter, die ebenfalls essbar sind, schmecken ähnlich wie Sauerampfer. Die Beeren sind gut für den Magen-Darm-Trakt und helfen bei Hautbeschwerden. In größeren Mengen können sie aber Magenbeschwerden verursachen. Aus den sehr Vitamin-C-reichen Beeren können Sie Saft, Konfitüre oder Chutney zubereiten. Wer die Früchte zu säuerlich findet, kombiniert sie mit anderen Obstsorten. Möglich ist auch, sie zu trocknen und unters Müsli zu mischen.

Verwendete Teile: Beeren und Blätter.

Heilwirkung: Lindert Magen- und Darmbeschwerden sowie Hautprobleme.

Blütezeit: Beeren August-September, junge Blätter April-Mai. Nur kleine Mengen verzehren, sonst kann es zu Bauchschmerzen kommen.

MÜSLI MIT BERBERITZEN

Trockene Zutaten:
300 g Dinkel- oder Haferflocken, 150 g Nüsse (Sorte nach Belieben), grob gehackt
50 g Kokosraspel
150 g Sonnenblumen- und/oder Kürbiskerne
1 TL Gewürze (z.B. Kardamom, Muskatnuss, Gewürznelken, Zimt)
Flüssige Zutaten:
3 EL Honig oder Ahornsirup, 4 EL zerlassenes Kokosöl
Trockenfrüchte:
80 g Trockenfrüchte (z.B. Berberitzenbeeren, Datteln, Gojibeeren, Rosinen oder Maulbeeren)

Zubereitung: Den Backofen auf 180 °C vorheizen. Ein Backblech mit Backpapier auslegen. Die trockenen Zutaten in einer großen Schüssel mischen. Die flüssigen Zutaten zufügen und alles mit den Händen gründlich vermengen. Die Mischung auf dem Backpapier verteilen und 15–20 Minuten im heißen Backofen rösten. Zwischendurch einige Male wenden, damit nichts verbrennt. Die Berberitzenbeeren inzwischen in einer heißen Pfanne ohne Fett trocknen. Das Müsli aus dem Ofen nehmen und abkühlen lassen. Dann erst die Trockenfrüchte untermischen. Nach Belieben nochmals nachwürzen. Das Müsli in einem luftdicht schließenden Behälter bei Zimmertemperatur aufbewahren. Es hält sich mindestens einen Monat.

Tipp: Einen leckeren Fruchtsmoothie in ein Schälchen gießen und etwas Müsli darüberstreuen. Darauf einen großzügigen Esslöffel Vollmilchjoghurt geben und alles mit fein gehackter Minze bestreuen.

SANDDORN

(Hippophae rhamnoides)

Der Sanddorn wächst, wie der Name sagt, auf sandigem Boden, beispielsweise in den Dünen an der Küste. Im September trägt er zahlreiche leuchtend orange Beeren. Sie schmecken sauer, enthalten aber so viel Vitamin C, dass sie bei Erkältung, Grippe und Erschöpfung gute Hilfe leisten. Traditionell erntet man sie nach dem ersten Frost, weil sie dann süßer sind. Ich schneide einfach kurze Zweige mit Beeren und lege sie in den Tiefkühler. Die gefrorenen Beeren lassen sich leicht von den Zweigen abstreifen. Den robusten, schnell wachsenden Sträuchern macht es nichts aus, wenn man einige Zweigspitzen abschneidet. Aus den Beeren kann man Saft, Konfitüre, Chutney, Essig oder Likör herstellen. Ich koche auch gern bei der Zubereitung von Hagebuttenmark eine Handvoll Sanddornbeeren mit.

Verwendete Teile: Beeren.

Heilwirkung: Hilfreich bei Müdigkeit, Erschöpfung, Erkältung und Grippe. Enthält unter anderem die Vitamine C, B, E und F sowie Calcium, Magnesium und Flavonoide.

Blütezeit: September.

Ein Rezept zur Zubereitung von Saft finden Sie auf Seite 209 (wie Holunderbeeren verwenden).

HOLUNDERBEEREN

(Sambucus nigra)

Ich persönlich verwende lieber die Blüten des Holunderstrauchs. Aus den Beeren kann man allerdings einen köstlichen Saft gewinnen. Wichtig dabei ist, die Beeren zu kochen. Roh sind sie unbekömmlich und können Erbrechen verursachen. Dennoch sind die Beeren sehr gesund, denn sie enthalten viele Antioxidantien und stärken das Immunsystem. Weil mir der Geschmack des Safts zu herb ist, gebe ich Weintrauben oder Traubensaft dazu.

Verwendete Teile: Beeren.

Heilwirkung: Stärkt das Immunsystem. Reich an Vitamin B, C, Folsäure und Antioxidantien.

Blütezeit: September.

HOLUNDERBEERSAFT

Der aromatische Saft schmeckt etwas milder, wenn Sie einen Teil der Holunderbeeren durch dunkle Weintrauben ersetzen.

Zutaten:
10 Dolden Holunderbeeren
1 Handvoll dunkle Weintrauben oder
100 ml roter Traubensaft
100 g Vollrohrzucker oder normaler Kristallzucker
500 ml Wasser

Zubereitung:
Holunderbeeren und Weintrauben abspülen und in einen Topf geben. Zucker und Wasser zugeben. Alles zum Kochen bringen, dann etwa 20 Minuten köcheln lassen. Den Saft abgießen, und dabei die Früchte gut ausdrücken. Den Saft in hübsche, sterilisierte Flaschen abseihen.

ESSKASTANIEN

(Castanea sativa)

Esskastanien sind reif, wenn sie im September von den Bäumen fallen. Sie sitzen in einer stacheligen Hülle, die entfernt werden muss. Die Esskastanien enthalten gesunde Kohlenhydrate, viel Vitamin B und Mineralstoffe. Ich röste sie am liebsten auf einem Backblech über offenem Feuer. Dabei ist wichtig, die Schale vorher anzuritzen. Man kann sie auch rösten und mahlen oder kochen und pürieren und dann an eine Suppe geben. Aus getrockneten Esskastanien wird Mehl hergestellt. Die Blätter wurden früher als Heilmittel gegen Husten und Keuchhusten verwendet. Die Früchte der Rosskastanie sind nicht essbar, dienen aber zur Gewinnung von Wirkstoffen zur Stärkung der Gefäße.

Verwendete Teile: Früchte.

Heilwirkung: Stärkt das Gehirn. Enthält unter anderem die Vitamine B1, 2, 5 und 6, Vitamin E und Kalium, Magnesium, Mangan, Kupfer sowie ungesättigte Fettsäuren.

Blütezeit: September-Oktober.

Auch Bucheckern kann man rösten und essen. Sie schmecken köstlich und sind reich an Vitamin B und C sowie pflanzlichem Eiweiß.

HOPFEN

(Humulus lupulus)

Hopfen ist eine starkwüchsige Kletterpflanze. Er bildet separate männliche und weibliche Pflanzen. Die zapfenförmigen Blütenstände der weiblichen Pflanzen werden für die Bierbrauerei verwendet. Sie duften intensiv und sind, weil sie viel ätherisches Öl und Harz enthalten, etwas klebrig. Männliche Pflanzen tragen keine Zapfen, aber unscheinbare Blüten, die man ebenfalls für Tee verwenden kann. Ich bereite aus den Hopfenzapfen einen beruhigenden Aufguss und eine Tinktur zu.

Verwendete Teile: Die zapfenförmigen Blütenstände weiblicher Pflanzen.

Heilwirkung: Wirkt beruhigend, antibakteriell und lindernd bei Sodbrennen. Neue Studien lassen auf eine krebshemmende Wirkung schließen. Enthält Phytoöstrogene, die bei Männern und Frauen eine positive Wirkung auf den Hormonhaushalt haben können.

Blütezeit: Juli-September.

HOPFENTINKTUR

Zubereitung: Ein großes, sauberes Schraubglas bis knapp unter den Rand mit Hopfenzapfen füllen. Dann hochwertigen Wodka oder Gin (40%) zufügen, bis die Zapfen ganz bedeckt sind. Das Glas verschließen, beschriften und 6 Wochen stehen lassen. Die Mischung filtrieren und in eine Flasche füllen. Gut bei Schlafbeschwerden.

BAUM-HASEL

(Corylus colurna)

GEMEINE HASEL

(Corylus avellana)

UND HASELNÜSSE

Die Baum-Hasel und die bekanntere, strauchig wachsende Gemeine Hasel tragen essbare Haselnüsse. Die Baum-Hasel bildet stachelige Hüllen, in denen dicht gedrängt mehrere Früchte sitzen. Die Früchte der Gemeinen Hasel stehen einzeln oder in kleinen Gruppen und haben glatte Hüllblätter. Wenn sie reif sind, fallen sie zu Boden. In höherem Gras sind sie nicht immer leicht zu finden. Haselnüsse sind sehr nährstoffreich. Sie enthalten Vitamin B, Calcium und Magnesium, die gut für das Gehirn und die Nerven sind. Essbar sind auch die jungen Blätter und die männlichen Kätzchen.

Verwendete Teile: Nüsse (auch junge Blätter und Kätzchen).

Heilwirkung: Gut für Gehirn, Nerven und Immunsystem sowie für die Haut.

Blütezeit: Nüsse September-Oktober.

HASELNUSSPLÄTZCHEN

Diese Haselnussplätzchen sind im Handumdrehen gebacken. Das ist auch gut so, denn sie schmecken so lecker, dass sie auch im Handumdrehen verputzt werden.

Zutaten für ca. 15 Plätzchen:

120 g Haselnusskerne
10 g Puderzucker
1 EL Honig
60 g Mehl
80 g Butter

Zubereitung:

Den Backofen auf 180 °C vorheizen. Ein Backblech mit Backpapier auslegen. Die braunen Häute von den Haselnusskernen abreiben, dann die Kerne mit einem Messer fein hacken. 20 Gramm Haselnüsse zur Seite legen. Die übrigen Zutaten zu einem geschmeidigen Teig verrühren, zuletzt die restlichen 100 Gramm Haselnüsse zufügen und unterkneten. Aus dem Teig kleine Kugeln rollen, etwas flach drücken und auf das Backblech legen. Mit den beiseitegelegten Haselnüssen bestreuen. Die Plätzchen etwa 15 Minuten goldbraun backen, dann abkühlen lassen.

WALNÜSSE

(Juglans regia)

Walnüsse sind sehr gesund, vor allem fürs Gehirn. Im September und Oktober reifen sie heran und fallen von den Bäumen. Dann müssen Sie schnell sammeln gehen, denn die Nüsse sind begehrt. Sie sind reich an Magnesium, Kalium, Calcium, Kupfer und ungesättigten Fettsäuren, außerdem enthalten sie mehr Vitamine als viele andere Früchte. Wir bereiten aus den Nüssen gern herzhaftes Pesto zu. Die Blätter werden traditionell zur Behandlung von Hautbeschwerden angewandt.

Verwendete Teile: Nüsse.

Heilwirkung: Gut fürs Gehirn. Lindern Gicht und Nierenbeschwerden. Regulieren den Cholesterinspiegel.

Blütezeit: September–Oktober.

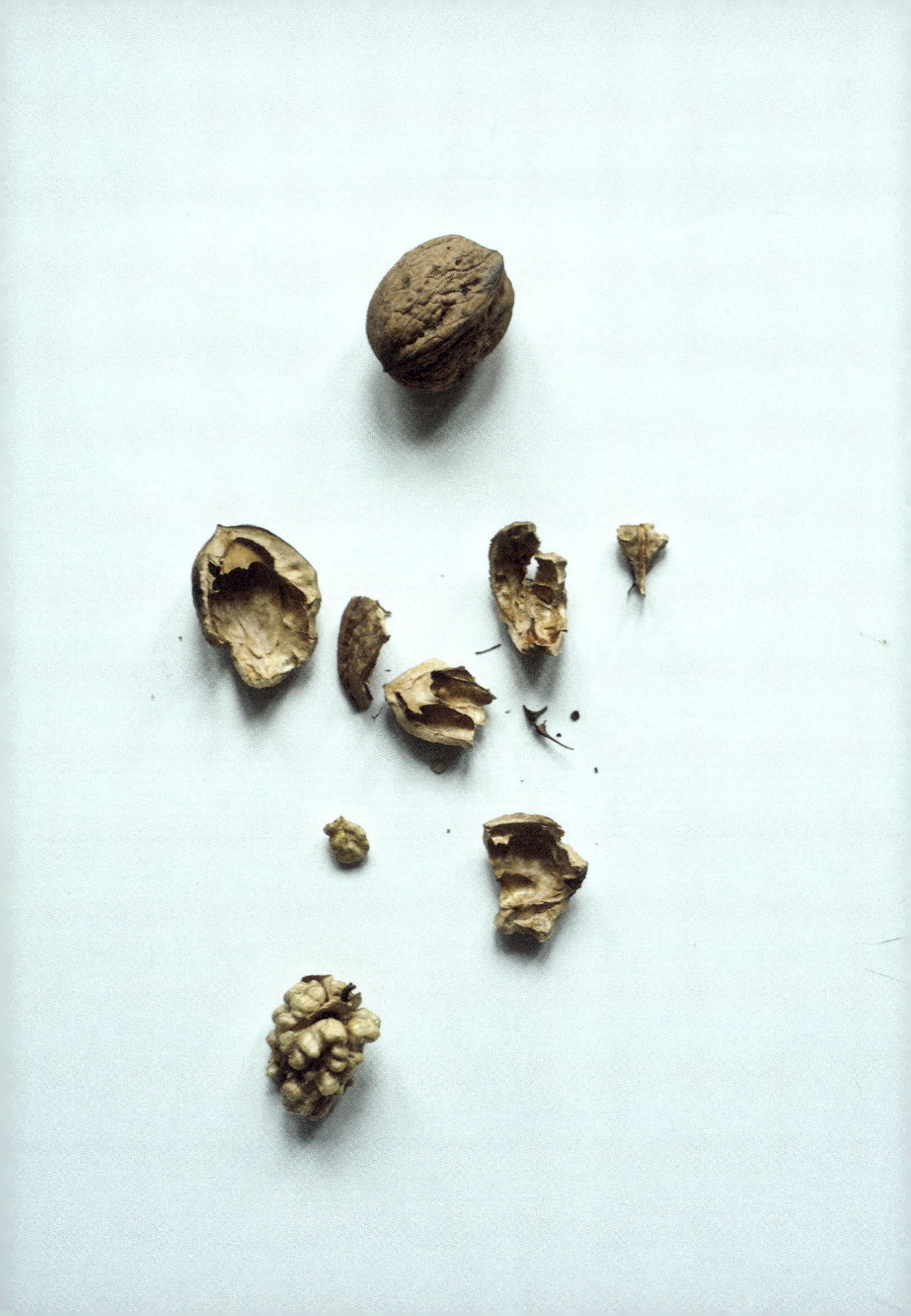

PESTO MIT NÜSSEN

Zutatenn:
40 g Walnuss- oder Haselnusskerne, grob gehackt, 100 g glatte Petersilie, 1 EL frische Thymianblätter, 2 Knoblauchzehen, 2 EL Kapern, 200 ml natives Olivenöl extra, 50 g Parmesan, Salz und Pfeffer

Zubereitung:
Die Nüsse kurz rösten, dann mit Petersilie, Thymian, Knoblauch, Kapern und Olivenöl im Mixer pürieren. Den Käse unterrühren und das Pesto mit Salz und Pfeffer abschmecken. In ein Glas umfüllen und mit einer Schicht Öl bedecken, damit es sich länger hält. Das Pesto schmeckt gut zu Pasta und Fleisch.

SALSA VERDE MIT KNOPFKRAUT

Zutaten:
2 Handvoll Blätter von Knopfkraut, Giersch, Schafgarbe, Knoblauchsrauke oder Bärlauch, ½ Bund frisches Basilikum (nur die Blätter),
1 kleine Handvoll frische Minze, 1 Knoblauchzehe,
1 EL Kapern, 3 Cornichons, 3 Sardellenfilets,
½ EL Senf, 1 EL Rotweinessig, 4 EL natives Olivenöl extra, Meersalz und frisch gemahlener schwarzer Pfeffer

Zubereitung:
Kräuter, Knoblauch, Kapern, Cornichons und Sardellenfilets sehr fein hacken und in eine Schüssel geben. Senf und Essig unterrühren. Dann unter ständigem Rühren das Öl im dünnen Strahl zugießen, bis die Sauce dicklich ist. Mit Salz und Pfeffer abschmecken.

KNOPFKRAUT

(Galinsoga)

Das Knopfkraut ist eine unscheinbare, kleine Pflanze, die auf Wiesen wächst, aber auch als Unkraut in vielen Gärten zu finden ist. Sie ist sehr reich an Kalium, Calcium, Eisen, Magnesium, Mangan und enthält außerdem die Vitamine A und C. Man kann die Pflanze als Zutat für Salat oder Pesto verwenden oder die Samen sammeln und im Winter für Keimsprossen verwenden.

Verwendete Teile: Blätter, Blüten und Samen.

Heilwirkung: Grippe und Erkältung. Mangan wird für die Bildung verschiedener Stoffwechselenzyme benötigt.

Blütezeit: Juni-Oktober.

BEHAARTES SCHAUMKRAUT UND BRUNNENKRESSE

(Cardamine hirsuta und *Nasturtium officinale)*

Diese beiden Kreuzblütler sind klein, aber groß im Geschmack. Das liegt an den Senfölglycosiden, die auch in Rucola und anderen Vertretern dieser Familie enthalten sind. Die Samen können wie Pfeffer verwendet werden. Die Pflanzen enthalten unter anderem viel Vitamin C. Pflanzen, die am Wasser wachsen, müssen immer sehr gründlich gewaschen werden.

Verwendete Teile: Blätter und Blüten.

Heilwirkung: Verdauungsfördernd, lindernd bei Blasenentzündung und Entzündungen in Mund und Rachen. Gut für die Haut.

Blütezeit: Mai-September.

QUARK MIT SCHAUMKRAUT UND BRUNNENKRESSE

Zutaten: 1 Handvoll behaartes Schaumkraut oder Brunnenkresse – was Sie finden können, 100 g Quark (Vollfettstufe), Saft von ½ Zitrone, Salz

Zubereitung: Schaumkraut und Brunnenkresse waschen, hacken und in eine Schüssel geben. Quark, Zitronensaft und Salz zufügen und alles gut verrühren.

BEINWELL

(Symphytum officinale)

Der Beinwell hat weiße, violette oder seltener gelbe Blüten und breite, behaarte Blätter. Alle Teile sind essbar. Die Blüten schmecken im Salat, Stiele und junge Triebe kann man roh genießen oder dünsten. Die Wurzeln können roh oder gekocht als Gemüse verzehrt werden, man kann sie aber auch trocknen und als Kaffeeersatz mahlen. Die jungen Blätter schmecken im Salat oder kurz gegart. Die Blätter können auch bei inneren Verletzungen angewandt werden, allerdings nur in kleinen Mengen, denn sie stehen in Verdacht, die Leber zu belasten. Gegen den gelegentlichen Verzehr dieser gesunden, nährstoffreichen Pflanze bestehen jedoch keine Bedenken.

Verwendete Teile: Blüten, Blätter, Stiele und Wurzeln.

Heilwirkung: Äußerliche Anwendung bei Muskel- und Gelenkschmerzen, Sehnenscheidenentzündung, Gicht, Prellungen, Knochenbrüchen, Drüsenschwellungen und Brustentzündung. Innerliche Anwendung als Tee bei Rheuma, Bronchitis und Bauchfellentzündung.

Blütezeit: Mai-September.

KARTOFFELPÜREE MIT BEINWELL UND ZITRONE

Zutaten für 4 Personen:

1 kg mehlig kochende Kartoffeln, geschält
Salz
6 EL fein gehackte Beinwellblätter
100 g Sahne
50 g Butter
abgeriebene Schale und Saft von 1 Bio-Zitrone
frisch gemahlener schwarzer Pfeffer
frisch geriebene Muskatnuss
2 Frühlingszwiebeln, in feine Ringe geschnitten
1 Stück Butter zum Einfetten

Zubereitung:

Die Kartoffeln in gleichmäßig große Stücke schneiden und in Salzwasser gar kochen. Eine Minute vor Ende der Garzeit den Beinwell zugeben. Abgießen, aber etwas Kochwasser im Topf lassen. Kartoffeln und Beinwell stampfen, dann Sahne und Butter unterrühren. Das Püree mit Zitronenabrieb und -saft, Salz, Pfeffer und Muskatnuss abschmecken und mit den Frühlingszwiebeln bestreuen. Nach Belieben können Sie das Püree nun in eine gefettete Auflaufform füllen und 15 Minuten im Backofen bei 180 °C goldbraun überbacken.

BEIFUSS

(Artemisia vulgaris)

Ich finde den Geschmack von Beifuß außerordentlich würzig und verwende das Kraut gern mit anderen Wildpflanzen für Lasagne. Früher legte man die Blätter auf langen Märschen in die Schuhe, um Ermüdung und Schmerzen der Füße vorzubeugen. Beifuß regt den Appetit und die Verdauung an, reguliert die Menstruation und wirkt wundheilend. Sie können ein frisches Blatt kauen oder aus den Blättern einen Tee oder eine Tinktur zubereiten. Nicht in der Schwangerschaft anwenden.

Verwendete Teile: Blätter.

Heilwirkung: Hilfreich bei müden Beinen und Füßen sowie allgemeiner Erschöpfung. Regt die Verdauung und den Appetit an.

Blütezeit: Ganzjährig.

LASAGNE MIT BEIFUSS UND ANDEREN WILDKRÄUTERN

Für dieses Rezept verwende ich Spinat als Füllung und Kräuter zum Bestreuen. Sie können aber auch ausschließlich Wildpflanzen verwenden.

Zutaten für 4 Personen:

6 Lasagneplatten
1 Schuss Olivenöl
500 g frischer Spinat, gehackt
1 Glas Tomatensauce (am besten bio oder selbst gemacht)
200 g geriebener Käse
ca. 500 g Blätter von Beifuß, Schafgarbe, Beinwell, Beifuß, Klee, Wegerich, Brennnessel, fein gehackt

Zubereitung:

Den Backofen auf 180 °C vorheizen. Die Lasagneplatten in Wasser mit einem Schuss Olivenöl bissfest garen. Den Spinat in die Lasagneform füllen, mit einer Schicht Tomatensauce und etwas geriebenem Käse bedecken. Mit Lasagneplatten belegen. Darauf eine Schicht Wildkräuter verteilen und auch diese mit Tomatensauce und Käse bedecken. Weitere Lasagneplatten auflegen. Darauf die restlichen Wildkräuter und die restliche Tomatensauce geben und alles mit dem restlichen Käse bestreuen. 20 Minuten im Backofen garen. Danach können Sie die Lasagne kurz unter dem Grill überbacken, damit sie eine goldbraune Kruste bekommt.

WEISSDORN

(Crataegus)

Im Frühling schmückt sich der Weißdorn, der mit der Rose verwandt ist, mit zahlreichen weißen oder rosa Blüten, im Herbst trägt er rote Beeren. Die Beeren sind recht mehlig, und auch die Blätter schmecken nicht überragend. Sie sind aber so gesund für das Herz, dass es sich lohnt, Blüten und Blätter für Tee zu sammeln oder ab und zu eine Beere zu essen.

Verwendete Teile: Blüten, Blätter und Beeren.

Heilwirkung: Fördert die Durchblutung, beugt Arterienverengungen und Krampfadern vor, stärkt die Regenerationsfähigkeit des Herzmuskels (nach Herzinfarkt). Reguliert die Herzfrequenz und beugt Herzrasen vor. Reguliert den Blutdruck und beugt altersbedingten Herzbeschwerden vor. Hilfreich auch bei Schlafbeschwerden durch nervöse Anspannung.

Blütezeit: Blüten im Frühjahr, Beeren im Frühherbst.

SCHLEHDORN

(Prunus spinosa)

Der Schlehdorn trägt etwa kirschgroße, schwärzliche Steinfrüchte (die Schlehen). Für den Rohverzehr sind sie zu sauer, aber man kann aus ihnen einen köstlichen Likör zubereiten. Dafür pflückt man sie am besten im November oder Dezember nach dem ersten Frost, weil sie dann milder schmecken. Alternativ kann man sie über Nacht einfrieren. Man kann die Schlehen für Konfitüre verwenden oder für Tee trocknen. Sie wirken blutreinigend und stärken das Immunsystem. Wenn ich genügend Früchte finde, setze ich sie gern mit Schnaps auf. So entsteht ein gesunder Likör, denn der Alkohol entzieht ihnen die wertvollen Inhaltsstoffe.

Verwendete Teile: Beeren.

Heilwirkung: Stärkt das Immunsystem. Blutreinigend.

Blütezeit: Oktober-November.

HERZSTÄRKENDER WEISSDORNWEIN

Zutaten:
ca. 20 Weißdornbeeren, zerdrückt
1 Flasche Weiß- oder Rotwein
2 EL Honig

Zubereitung: Aus der Weinflasche ein Glas abgießen, dann die Beeren und den Honig in die Flasche geben. Verschließen und zwei Wochen ruhen lassen. Die Beeren sinken in dieser Zeit allmählich auf den Boden. Den Wein durch ein Passiertuch gießen und wieder in die Flasche füllen. Täglich ein kleines Glas davon trinken, um das Herz zu stärken.

SLOE GIN (SCHLEHENLIKÖR)

Zutaten:
ca. 20 Schlehen, mit einer Nadel mehrmals eingestochen
500 ml Gin
100 g Zucker
1 Zimtstange

Zubereitung: Die eingestochenen Schlehen in eine saubere Flasche füllen. Mit dem Gin bedecken und den Zucker zufügen. Auf 500 Milliliter Flüssigkeit werden 100 Gramm Zucker verwendet. Die Zimtstange zugeben. Die Flasche verschließen und einige Wochen stehen lassen. Anfangs täglich schütteln, später nur noch ab und zu. Das ist wichtig, um Beeren und Alkohol immer wieder zu mischen und der Schimmelbildung vorzubeugen. Nach ein paar Monaten können Sie probieren. Wenn der Schnaps gut schmeckt, wird er gefiltert und in hübsche Flaschen abgefüllt.

Ideen für den Winter

In den Wintermonaten wächst nicht viel, darum lassen wir der Natur nun ihre Ruhe. Hier und da sind noch kleine essbare Pflanzen zu finden, beispielsweise Brennnesseln, Gundermann und Taubnessel. Mispeln, Schlehen und einige andere Früchte ernten wir vorzugsweise nach den ersten Frostnächten im November, um daraus köstliches Mus zu kochen. Außerdem können im Winter getrocknete Blüten zum Backen verwendet werden (siehe Seite 177), oder Samen von Wildpflanzen zum Kochen und Einmachen. Außerdem eignen sich gesammelte Samen gut, um daraus Keimsprossen zu ziehen. Im folgenden Kapitel finden Sie auch Rezepte für Tinkturen, die ich allerdings ganzjährig zubereite. Sie sehen: Auch im Winter gibt es genug zu tun.

Notizen

. . . .

. . . .

. . . .

. . . .

. . . .

. . . .

. . . .

. . . .

MISPELN

(Mespilus germanica)

UND ZIERQUITTEN

(Chaenomeles)

Mispeln wurden früher gern gegessen, sind aber etwas in Vergessenheit geraten. Wie Äpfel gehören sie zur Familie der Rosengewächse, und ihre Früchte eignen sich gut zur Zubereitung von Mus und Konfitüre. Man kann Mispeln länger liegen lassen, bis sie weich werden, und dann roh essen. Süßer schmecken sie, wenn sie nach den ersten Frösten rötlich-braun werden. Sehr lecker ist ein Mus aus Äpfeln, Quitten und Mispeln.

Verwendete Teile: Früchte.

Heilwirkung: Lindernd bei Husten, Durchfall und Blasenentzündung. Blutreinigend.

Blütezeit: Ab September, aber am besten nach dem ersten Frost.

MISPEL-QUITTEN-APFEL-MUS

Zutaten für 4 Personen:

5 Mispeln
4 Quitten
4 Kochäpfel
1 Zimtstange
75 g Zucker oder 2-3 EL Honig

Zubereitung:

Mispeln und Quitten halbieren. Die Äpfel vierteln und entkernen. Wenn Sie eine altmodische Passiermühle (Flotte Lotte) haben, können Sie die Kerngehäuse und Schalen mitkochen, ansonsten müssen die Äpfel geschält und entkernt werden. Die Früchte in einen Topf geben und so viel Wasser zugießen, dass sie gerade bedeckt sind. Die Zimtstange zufügen und alles zum Kochen bringen. Den Zucker unterrühren und alles bei schwacher Hitze 20 Minuten köcheln lassen. Die Zimtstange herausnehmen. Die Früchte durch die Passiermühle drehen oder stampfen und durch ein Sieb streichen.

EINGEMACHTE ZUCCHINI MIT FENCHEL- UND MÖHRENSAMEN

Für dieses Rezept habe ich Miranda Vos vom Kochstudio Oranje Vos um Rat gebeten, weil sie langjährige Erfahrung im Einmachen hat. Ich habe mit wilden Samen experimentiert, Sie können aber auch übliche Küchen- und Einmachkräuter verwenden.

Zutaten:

1 Handvoll Samen von Wilder Möhre, Wildem Fenchel und Kapuzinerkresse (oder andere Samen)
1 gelbe und 1 grüne Zucchini, 4 Zwiebeln
1 Tasse Salz, 1 Liter Wasser
500 ml Apfelessig, 250 g Zucker

Zubereitung:

Die Wildpflanzensamen aus den Samenständen schütteln. Die Zucchini längs vierteln, die Samen herausschaben, und das Fruchtfleisch in Scheiben schneiden. Die Zwiebeln abziehen und in feine Ringe schneiden. Zucchini und Zwiebeln in eine Schüssel geben, mit Wasser bedecken und das Salz zufügen. Mindestens 3 Stunden stehen lassen, dann abgießen und das Gemüse gut abspülen. Mehrere Einmachgläser in der Spülmaschine reinigen, dann im Backofen bei 50–75 °C bei angelehnter Klappe etwa 20 Minuten trocknen. Zucchini und Zwiebeln mit Essig, Zucker und Samen in einen großen Topf geben und alles zum Kochen bringen. Den Herd abschalten. Die heißen Gläser aus dem Ofen nehmen, Zucchini und Zwiebeln einfüllen und bis zum Rand mit dem heißen Sud auffüllen. Die Deckel fest zuschrauben. Das eingemachte Gemüse hält sich einige Monate.

KEIMSPROSSEN UND MIKROGEMÜSE AUS WILDPFLANZENSAMEN

Dass man aus Samen Keimsprossen und Mikrogemüse auf der Fensterbank ziehen kann, ist gut bekannt. Und auch Wildpflanzen eignen sich dafür, zum Beispiel Springkraut, Knopfkraut, Weißer Gänsefuß, Mais, Bohnen, Erbsen, Fenchel oder Dill. Die Anzucht macht Spaß, und die Ernte schmeckt nicht nur gut, sondern liefert wertvolle Antioxidantien und andere Nährstoffe, die gerade im Winter wichtig für das Immunsystem sind. Samen, Kerne und Hülsenfrüchte sind ohnehin sehr nährstoffreich. Durch das Keimen nimmt die Konzentration der Vitamine, Mineralien und Enzyme noch zu und der Körper kann diese Stoffe besser aufnehmen.

Keimsprossen

Die Samen in ein sauberes Schraubglas geben, mit Wasser bedecken und 24 Stunden quellen lassen. Abgießen. Ein Stück Mull oder Tüll mit einem Gummiband über die Glasöffnung spannen. Die Samen täglich abspülen und das Glas auf den Kopf stellen, damit das Wasser abfließen kann. Nach 4-6 Tagen können die Sprossen gegessen werden.

Mikrogemüse

Den Deckel eines leeren Eierkartons mit Anzuchtsubstrat füllen, die Samen darauf verteilen und dünn mit Substrat bedecken. Vorsichtig begießen. Nach etwa einer Woche zeigen sich die ersten Blättchen. Das Substrat feucht, aber nicht zu nass halten. Nach 2-3 Wochen können Sie die ersten nährstoffreichen Blättchen ernten.

TINKTUREN AUS WILDPFLANZEN UND BLÜTEN

Eine Tinktur ist ein alkoholischer Auszug aus Blüten oder anderen Pflanzenteilen. Ich verwende klaren Schnaps, beispielsweise Wodka oder Gin (40%), um den Pflanzen ihre Wirkstoffe zu entziehen. Solche Tinkturen, die in der Naturheilkunde zum Einsatz kommen, kann man leicht selbst herstellen. Sie sind lange haltbar und werden tropfen- oder teelöffelweise eingenommen. Geeignete Pflanzen sind beispielsweise Klettenlabkraut, Brennnessel, Löwenzahn, Schafgarbe, Hopfen, Birke, Weide, Johanniskraut und Kamille (siehe auch einzelne Pflanzenbeschreibungen).

Zubereitung:

Ein sauberes Schraubglas mit Pflanzenteilen (z.B. Schafgarbenblüten) füllen. Mit hochwertigem Wodka auffüllen und den Deckel schließen. Unbedingt ein Etikett mit Pflanzenart und Datum auf das Glas kleben. Nun den Ansatz 6 Wochen stehen lassen und zwischendurch gelegentlich schütteln. Danach die Feststoffe abfiltern und die Tinktur in eine kleine Flasche füllen, am besten mit Tropfeinsatz. Bei Bedarf 20 Tropfen in etwas Wasser einnehmen. Manche Tinkturen eignen sich auch für eine Kur (dreimal täglich 20 Tropfen). Kinder bekommen so viele Tropfen, wie sie Jahre alt sind.

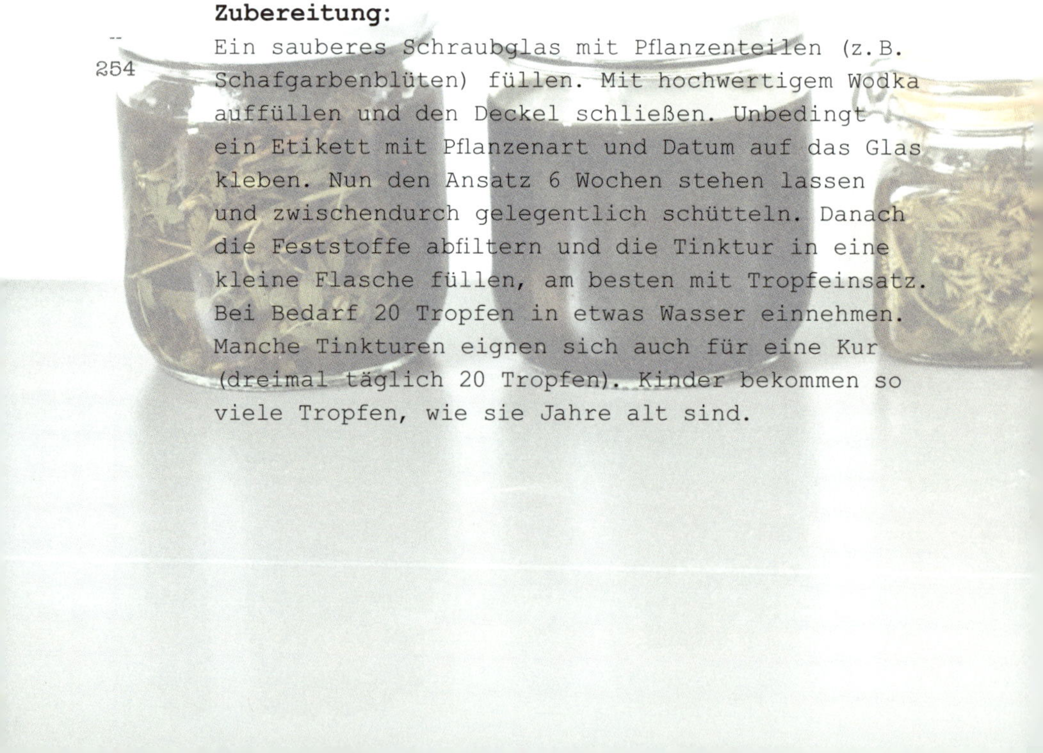

03/2018 LP071